# 黒木魔奇録
# 魔女島

黒木あるじ

竹書房
怪談
文庫

# 目次

# やさしいうそ

「じぶんが死ぬゆめは、えんぎがいいそうです」

そんな言葉を、戸部さんは見知らぬ男から投げられた。

皮膚の下で苔《こけ》が生《む》しているように、まだらな血色の男だった。

気味が悪いなとは思ったものの、なにせ通勤途中のプラットホームである。まもなく快速電車が来るとあって動くこともままならない。

返答に窮《きゅう》するうち、男が「でもね」と一歩近づくなり、

「それは、やさしいうそ」

囁《ささや》いてから、改札へ続く階段を走り去った。

〈彫刻刀で削り殺される夢〉を三夜続けて見た朝の、出来事であったという。

# よめいり

「お父さん、お母さん……お世話になりました」

挙式前夜――着物の試着を終えた両親の前に座り、悦子さんは深々とお辞儀をした。

実家で過ごすのは今夜が最後になる。

どうせ披露宴で「感謝の手紙」も読むのだし、畏《かしこ》まった挨拶など――と思ったものの、披露宴のにぎやかな雰囲気のなかではなく、住み慣れたこの場所で両親にありがとうを伝えたい気持ちもあった。

照れ屋の父は「ああ、うん」と頷《うなず》くだけで、卓上の湯呑み茶碗を見つめている。

この期におよんでも口下手なのが、いかにも父らしかった。普段と変わらぬ様子が、なんだか今日はとても嬉しかった。

と――母が黒留袖を脇に置いて「あのな、悦っちゃん」と座りなおした。

「言っておかなあかんことが、あんねん」

改まった口調にこちらも姿勢を正す。先輩主婦としてのアドバイスか、それとも母としてのメッセージか。まさか「あなたは養子なのよ」なんてカミングアウトすることはないだろうけれど――。

さまざまな言葉を予想しつつ固唾《かたず》を呑んでいると、

「お母ちゃんな、若いときにオバケ見たことあんねん」

「え、なんの話」

想定していなかったひとことと。思わず間の抜けた返事をしてしまう。場を和ませる冗談ではない証拠に、母は真剣な表情を崩さなかった。

「なんの、話なん」

おなじ問いを投げる。母は一瞬ためらってから、意を決したように口を開いた。

「お父ちゃんと結婚する前の晩な、今日のあんたみたいに祖父《じい》ちゃん祖母《ばあ》ちゃんの前で〝お世話になりました〟とか挨拶してん。三人ともぶわぶわ泣いてしまって、お母ちゃん堪えきれずに〝あかん、目が腫《は》れんうちに顔洗ってくるわ〟とか言って、洗面所に逃げたんよ。ほんなら実家の洗面台に鏡あるやろ。で、顔を水で冷やして、なにげなく鏡を見たらな、私のうしろに黒い男が立っててん」

「いや、それ誰」

悦子さんの質問に答えず、母は独白を続ける。

「肌が黒ちゃうねん。影がそのまんま顔や服に貼りついたみたいな感じの黒い色でな。それがわたしの背後で俯《うつむ》いとんのよ。伏せた頭が、びくんびくん揺れとってな」

そう言うと母は、止まらないしゃっくりのような仕草で男の様子を再現した。

「お母ちゃん、びっくりしてしまってな。思わず〝別の日に出てよ〟って言うたんや。もしかしたら……あの言葉があかんかったのかなあ」

だから、ほれ。

真顔の母が、悦子さんの背後を指した。

彼女のうしろには先ほどまで即席のファッションショーを楽しんでいたときに使った姿見が、そのまま置きっぱなしにしてあった。

映っているのは悦子さんと両親、そして、三人の背後にあるキッチン。

そのキッチンの薄暗がりに男が俯いていた。黒かった。

ひ——声が漏《も》れたと同時に、男が真横へずるるるっと移動した。横からワイヤーで引っ張られたように不自然な動きだった。男が消えた位置には食材ストッカーがあり、人の入りこめる場所などない。

「……なんなん」

ようやくそれだけ口にした娘に、母は「わからんけど」と言ってから、

「たぶんあれな、あんたの嫁ぎ先に行くと思うわ」

と、告げた。

なぜ母が、そのような確信を抱いたのかはわからない。だがいまは、そう思うに足る、自分に告げていない理由がなにかしらあったのだろう――と考えている。

男は昨日も出たからだ。

# ホンモノ

沙智さんの実家はお寺である。

「どこにでもある浄土宗の檀那寺《だんなでら》です。国宝級の仏像があるわけでも、とりわけ歴史が古いわけでもない、つまりは観光目的で来るような場所じゃないんです。なのに」

絶えず参拝客がある——のだという。

檀家さんはもちろんのこと、檀家に紹介されて寺を知ったという人物も頻繁に訪ねてくる。なかには「なんだかお参りしたくて」と曖昧な理由で訪《おとな》う人も珍しくなかった。

「私は幼いときから見慣れているので〝お寺ってそういうものなのかな〟程度に思っていたんです。さすがに、別な宗教の牧師さんが来たときは驚きましたけどね」

そうではないらしいと気づいたのは、小学三年のとき。

父と檀家総代の、なにげない会話がきっかけだった。

隣県から「なんとなくやってきた」というご婦人を見送る父へ、これまた茶飲み話に訪れていた総代が「あんたんとこはホンモノだなあ」と唸《うな》ったのである。

「ホンモノって、なにが」

沙智さんの問いに、総代が「そのままの意味だよ」と笑った。

「お前さんとこの寺はな、霊験あらたかなことでひそかに有名なんだ。公《おおやけ》に謳《うた》ってこそいないが、口伝えで広まっている。いまのおばちゃんも噂を聞いて、拝んでもらいに来たんだよ」

難しい言葉ばかりだったが、除霊の類で評判らしいということは理解できた。

けれども不思議なことに、お祓いを頼んだり護摩《ごま》を焚《た》いてもらう参拝客はいなかった。みな、沙智さんの両親と茶飲み話をして一時間ほどで帰っていく。それだけ。

「そもそも父は、どちらかといえば鈍い性格なんです。とてもじゃないけど総代の言う〈霊験〉があるようには見えなくて。だから、私はこれっぽっちも信じていなかったんですよ」

そんな〈千客万来〉の沙智家でも、持てあます人物がひとりだけいた。

近所に住む六十代の檀家。通称、草本のジイ。

彼の目的は茶でも菓子でも、御祈祷でも雑談でもない。

酒である。

「日暮れになるとやってきては、玄関の呼び鈴を、りん、と弱々しく鳴らすんですよ。玄関を開けると、本人は控えめに〝ちょっと話でもせんかね〟と笑ってるんですけど、ウチの父が〝どうせだから一杯やるか〟と言うなり、目つきが変わるんですよ。まあ、いまどきの言葉で表現すれば〈依存症〉だったんでしょうね」

草本のジイは昼間から飲んでいるらしく、いつも熟柿《じゅくし》のにおいをさせていた。寺で飲むときも絡《から》んだり暴れたりこそないものの、長っ尻でなかなか帰ろうとしない。ひどいときには午前様まで居座り、ちびりちびりと名残惜しそうに盃を舐めている。

それが夕食の時刻にほぼ毎日なのだから、さすがに家族も困ってしまう。貰《もら》いものの日本酒とて常にあるわけではないから、補充しておく酒代も莫迦《ばか》にならない。

「それでも父も母も愚痴ひとつ言わず、草本さんを持てなしていました。特に母は毎回つまみを用意するのに苦労していて。〝どうしてこんなに人が好いんだろう〟なんて、子供ながらに理不尽さをおぼえていましたね」

小学五年の秋だった――と記憶している。

その日も、夕暮れに呼び鈴が鳴った。

いつもの時刻、いつもの弱々しいチャイム。草本のジイに違いない。

「はぁい」

沙智さんが玄関へ駆けだそうとした矢先、母が叫んだ。

「開けるんじゃない」

普段の柔和さが嘘のような、鋭く冷たい声だった。

あまりの剣幕に驚いて、走りかけたポーズのままで固まる。母も彼女を睨《にら》んだまま、動こうとしない。手には、青菜を刻んでいた包丁を握りしめている。

父は母娘ふたりの様子をしばらく見つめていたが、

「今日は出ないでおくか」

短かく言うなり、すたすたと自室へ去ってしまった。

母が再びまな板に向きあう。呼び鈴が、もう一度鳴った。

沙智さんは戸惑《とまど》っていた。

居留守を使うにしても、家の灯《あか》りは庭先まで漏れているのだ。どう考えてもバレないはずがない。面倒な人とはいえ檀家である。法事や近所づきあいで顔をあわせるのに、これほど邪険にあつかって良いのだろうか。

「そのへんは、やっぱり寺の娘だったんでしょうね。心配になっちゃって」

と、ふいにチャイムが止まった。

帰ったのかな。諦めてくれたのかな——思わず、ほっと息を吐く。

次の瞬間、玄関から聞いたことのない耳障《みみざわ》りな音が響いた。

「ええと、なんて説明したら伝わりますかね。槍の先で鉄板を削るみたいな、歯医者のドリルを巨大にしたような……そうだ、下手くそなバイオリンそっくりの音といえば、なんとなく理解してもらえるかもしれません」

音は激しさを増していく。

なのに母は身じろぎもせず、父も戻ってくる気配がない。

このままでは玄関が壊されてしまう。家が、寺が破壊されてしまう。

「ねえ、あれって草本のジイじゃないの。怒ってるんじゃないの」

居た堪《たま》れずに訊《たず》ねる。母は眉ひとつ動かさず「怒ってるよ」と言った。

「だから構っちゃいけないの」

意味がわからず、その場に立ちすくむ。

十分ほどが過ぎ、ようやく音は止んだ。待っていたかのように母が包丁を止め、父の部屋へと走っていく。まもなく父は袈裟《けさ》と法衣《ほうえ》、お経の折本《おりほん》を手に戻ってきた。

檀家で葬儀をおこなう際の道具一式だった。

「今夜かな、明日かな」

「たぶん、まもなくだと思いますよ」

慌ただしく支度を整えながら、父と母が会話を交わす。そのさなか、廊下に置かれた固定電話がけたたましく鳴った。

草本のジイが急死した——との報せだった。

すでに袈裟をまとっていた父が、慌てるふうもなくジイの家へ経をあげに向かう。

遠ざかる背中を呆然と見送る沙智さんの肩に、母がそっと手を添えた。

「あのね、ウチの仕事はこの世に未練がある人をちゃんと送りだしてあげることなの。だから、生前はどれだけつきあってもいいけど、死んだあとは構ってはいけないのよ。さもないと……こっちが連れていかれるから」

あ、なるほど。

お母さんがホンモノなんだ。

そのときようやく、総代の言葉に納得したという。

「あの日、父は呼び鈴も不快な音も聞こえていなかったらしいんです。数年後に母は〝そういう鈍感な人だから一緒になったのよ〟と笑っていました」

夫婦って面白いですよね——一歳の我が子をあやしながら、沙智さんは微笑《ほほえ》んだ。

ご主人は、彼女とまるで性格の違うのんびりした人物だそうだ。

# 禍異談《かいだん》

昨年上梓した『黒木魔奇録　狐憑き』に、コロナ禍の怪異譚を綴った。

人が消えた街の異変を嗅ぎとり、ただよう閉塞感に導かれ〈人ならざるモノ〉が顔を覗《のぞ》かせる——そんな話の数々に、改めて凄まじい時代であることを実感した。

あれから、およそ一年半。メディアは日常が戻ったかのごとき空気を煽《あお》り、止まった時計の針が動きだしたことを高らかに謳っている。

だが、それが真実《ほんとう》ではないと私たちは知っている。

以前ほど切迫してはいないものの、あいかわらず世のなかを包む雰囲気は重苦しく、いつ襲ってくるとも知れぬ新たな感染の波に、誰もが心のどこかで怯えている。

その不穏に、異《あや》しきモノが気づかぬはずがない。

畑の存在を知った熊が二度と山奥へ還《かえ》らないように、繁華街の住み心地に味を占めた野鳥が森へ戻らないように、〈彼ら〉はいまも此処《ここ》に居るのではないか。我々の隣で、背後で、息を潜めているのではないか——そのような疑念を抱く「禍《わざわい》の異《あや》しい談《はなし》」を、いくつか選りすぐってみた。

そういえば〈異〉という字は仮面を被《かぶ》った人を象《かたど》ったものなのだという。なんだか絶えずマスクを装着している我々を想起してしまうのは、私だけだろうか。

ウチの店、テーブルにアクリルの衝立《ついたて》を置いているんですけど。

そこに、手形がベチャベチャつくんです。

皮脂——なんですかね。白っぽい指の跡で。枝みたいに細くて、折れ曲がってて。

本当に困るんですよ。テーブルをまわって拭《ふ》くの、けっこう大変なんですから。

あ、そうですそうです。その手形、店内すべての衝立に残ってるんです。

春先から休業してるんで、お客さんなんかひとりも来てないんですけどね。

再開したあと、誰か気づくんじゃないかとヒヤヒヤしてます、はい。

（四十代男性・レストラン店主）

去年、弟のバンドで「無観客ライブをやろう」という話になったんですって。本当は生配信したかったらしいんですが、機材の都合で事前収録になったらしく。で、演奏は全曲無事に終わって。あとは曲名やバンド名の字幕を入れてから、翌週に配信する予定だったのが——中止になっちゃって。

え、ポシャった理由ですか?

メンバー全員男なのに、女性の笑い声がちょいちょい入ってたそうで。ええ。

（二十代女性・事務職員）

勤めているオフィスの入り口に、非接触式の体温計があるんです。

そうそう、前に立つとカメラで体温を測定してくれるアレです。職員は、かならずその体温計で平熱かどうかをチェックしないといけない規則なので。

ただ、やっぱり非接触式のせいなのか不具合も多くて、センサーが感知できないと〈もう一度お願いします〉って女の人の声で知らせるんです。

しかも、熱があるならまだしも三十二度とかありえない体温になることが多くて。

急いでいるときなんか、「それじゃもう死んでるだろ」って文句を言ってしまうくらい苛立《いらだ》つんですよ。

で――その日はひとり残業していたんです。

翌週に提出しなくてはいけない書類があったんですけど、ちょうどオリンピックの関係でいろいろバタバタしていたもので、進捗が遅れちゃって。

あらかた書き終わったころだから――午後九時過ぎぐらいだったのかな。

〈もう一度お願いします〉が、いきなりオフィスに響きわたって。

パソコンから視線をはずして入り口を見たんですが、もちろん誰もいないんですよ。そもそもオートロックなんで、カードキーなしでは入れないんですけど。

「なんだ、いまの」と思いつつ、そのまま様子を窺《うかが》っていたら――。

〈もう一度お願いします。もう一度お願いしますもう一度、もう一度もう一度もう一度もう一度〉

センサーが連呼しはじめて。いっこうに止む気配がなくて。

いやもう、さすがにギブアップですよね。パソコンの電源も落とさず、カバンだけ引ったくると、なにも聞こえていない素振りで入り口へ走りました。

で、転がるように廊下へ出てドアを閉めた瞬間――。

〈もういちどおお、ねがいいします〉

室内から、あきらかに体温計ではない声が聞こえてきて。

あの声、なんて表現すればいいのかな。ほら、面白ニュースとかで、犬が飼い主の言葉を真似する動画、ありますよね。あんな感じの不器用な声でした。

おかしな体験はその一度きりです。だってあの日以降、残業を控えていますから。

ただ、当然ながら体温計自体はまだあるんですよ。

なので、もしかしたらウチのオフィスでは、夜になると――いまでも。

（三十代男性・某団体職員）


自分がバイトしてるカラオケボックス、去年は本当に閑古鳥でしたよ。

特にカラオケでクラスターが出た直後の六月は、三日間お客さんがゼロだったもんで店長ガチ泣きしてましたもん。あんときは「マジ終わったな」と思いました。

ただ――その翌日に変なことがあって。

開店のときに各部屋のマイクやリモコンをチェックするんですけど、あるルームだけ、リモコンに歌った履歴が何十曲も残ってたんです。

それも全部おなじ曲で。

[redacted]って歌手の「[redacted]の[redacted]の[redacted]」なんですけど。

まんがいち機械の故障で選曲されたとしても、メロディーが流れたらフロントまで余裕で音が届くはずなんですよね。でも自分、ずっと受付にいたけど聞いてないんですよ。

いちおう店長に報告したら——突然スマホをいじりはじめて「あ、やっぱり」って。

「昨日、その歌手の命日だわ」

調べたらマジでした。これ、どういうことなんですかね。


（二十代男性・カラオケ店勤務）


月に何度か、仲の良い同級生ふたりとリモート飲み会をするんです。

飲み会といってもノンアルですけど。いいえ、画面ごしでも別に違和感はないです。

そもそも私、入学したときからオンライン授業なんで。飲み仲間のひとりは、おんなじアパートに住んでいるんですが、ずっと「会食は禁止です」が徹底されていたもんで、リモートのほうが罪悪感ないんですよね。

飲み会の話題ですか？　普通の話ですよ。映画やライブを同時に観ながら実況したり、飽きるまでお喋《しゃべ》りしたり。ほんと、翌日には忘れちゃう内容の話ばかりです。

で、その日も三人で推しメンの話をしてたんですが——いきなり、

「おい、みつよのこ」

知らない男の野太い声がスピーカーから聞こえて。

もう全員ギョッとしちゃって。でも、ほかのふたりは「テレビも点けてないし動画も観てない」って言うんです。ええ、もちろん私も部屋にひとりきりでしたよ。

なんだか厭《いや》な空気になっちゃって、自然と飲み会は終わっちゃいました。

そんな感じだったもんで、その場ではちょっと言えませんでしたね。

光代って亡くなった母親の名前なんですよ。あの声、誰なんですかね。

（二十代女性・大学生）

市内にある古い体育館でワクチン打ったんですけど、子供がいるんです。

七、八歳くらいなのかなあ。天井のてっぺんにある鉄骨の梁《はり》のところから、こちらを見下ろしているんです。ときおり指をさして、おかしそうに笑っているんです。

熟れすぎて割れかけのトマトみたいにぶくぶくした赤い顔の子でしたよ。

笑うたびに目鼻がよじれて、顔がじゅくじゅく揺れるんですよ。

最初は「あんなところで危ないな」と思ったんですが——冷静に考えたらそんなわけないですよね。

お医者さんも看護師さんも気にしてない様子でしたから、そういうことですよね。

それにしても、本当に楽しそうな笑顔だったなあ。

うろたえる人間が、そんなに面白かったのかなあ。


（六十代男性・無職）

# 妄言

〈石部金吉《いしべきんきち》〉とは、融通の効かない堅物をあらわす四字熟語である。

大槌さんの祖父はまさしく石部金吉そのもの、頑固《がんこ》を絵に描いたような人だった。

たとえば、朝食にはかならず海苔《のり》の佃煮《つくだに》をよそった小鉢を求める。

おかずがどれほど豪華でも、パンやスクランブルエッグなどの洋食がテーブルに並んでいても、海苔の佃煮がないといっさい箸《はし》をつけなかった。

「海苔というものは身体に良い。だから、食べ続ければ九十過ぎまで長生きできる」というのが根拠で、理屈もへったくれもないのだけれど、それでも祖父は半ば妄信じみた自説を頑《かたく》なに曲げようとしなかった。一時が万事、その調子だった。

だが、そんな妄信を証明するかのごとく祖父は九十七まで健《すこ》やかに生き——ある朝、二度と起きてこなかった。

だから――祖父の死後に遺言《ゆいごん》が見つかったとき、家族は頭を抱えた。

寝床の枕の下から、白い封筒に入った蛇腹《じゃばら》折りの紙が見つかったのである。

それでも「遺品はこのように処分せよ」とか「財産はどのように分けろ」だとか、そのような内容であれば、まだ納得ができる。どれだけ理不尽な要求であったとしても、いちおうは検討の余地がある。

しかし遺言には筆書きでたった一行、

〈戒名《かいみょう》は以下にする可《べ》し　照一陽二義夫居士〉

それだけが書かれていた。

照一は祖父の長男、陽二は次男の名前である。しかし、義夫だけは何者なのかまるで判《わか》らなかった。ちなみに大槌さんの父は誠三である。

檀那寺の住職にも相談したが、彼もまた祖父の人柄を知っているので「本来ならば、戒名は院号や道号など厳格に決まっているのですが……本人が遺したものでは従うしかないでしょう」と、不承不承受け入れてくれた。

こうして、祖父は最期の最期まで主張を貫《つらぬ》きとおした。

葬儀の席上、喪主を務めた照一伯父さんは「妄信は死んでも治らないもんだな」と、しきりに愚痴をこぼしていたという。

だが――その妄信を証明するかのごとく。

葬儀の翌々月、照一伯父さんがゴルフ中に心筋梗塞《しんきんこうそく》で倒れ、バンカーに埋まったまま死んだ。その三ヶ月後には陽二伯父さんが仕事中に落下してきた建築資材で腿《もも》を貫かれ、動脈がちぎれて失血死した。

「親父は、死ぬ順番を知っていたに違いない」とは父の主張。
「いや、書かれた順に連れていったのだ」とは母の説である。
五年経ったいまでも、両親はたまにどちらが正しいかで軽く揉める。
ただ「どこかの〈義夫さん〉もすでに死んでいるだろう」との点だけは、意見が一致しているそうだ。

# 天女

「悪《わり》ぃね、こんなところで。近くに現場があるもんでさ」

間口さんに指定された取材場所は、コンビニの喫煙所。なんでも、このあとまだ数件仕事が入っており、昼休憩のあいまに来てくれたのだという。

多忙をきわめる彼の職業は、解体工事施工技士。名前のとおり、建物や家屋を重機などで壊して更地に戻す〈解体屋〉である。

もっとも、最近は大規模な解体より〈スケルトン〉の依頼がひっきりなしだとのこと。柱や梁など最低限の基礎だけ残し、骨組みだけにするところからそのように呼ぶらしい。コロナ禍以前にもスケルトンの需要はそれなりにあったが、本人いわく「前とは気持ちがまったく違う」そうだ。

「一昨年までは〝次にどんなお店が入るのかな〟なんて楽しみだったけど、いまは骨にしたまま放置だかんね。ほんと、葬式でもしてるみてえな気分だよ」

葬儀ということは、当然ながら遺族もいるわけで。

「去年の暮れだったかな。スケルトンにしている店の前に、おっさんが立ってんだよ。施工主に聞いたら、いま解体している小料理屋の主人だって言うんだよ。おっさんてばよ、〝ちくしょう、ちくしょう〟って言いながら骨になっていく自分の店を睨んでるんだ。マスクで表情がわからないぶん目つきが際立《きわだ》ってよ。あれは居た堪れなかったな」


そんな彼が昨年、奇妙な出来事を体験した。


その日——間口さんは知人業者に乞われ、スケルトンを手伝っていた。

「依頼が多すぎて人手不足でさ。〝一日でいいから手を貸してくれ〟って話だった」

解体するのは、テナントビルの三階にあったスナック。広すぎず狭すぎず、雰囲気も悪くない店だったが、例に漏れずコロナの影響で閉めざるを得なかったのだという。

「ま、その手の貸しビル系は、独立した店舗にくらべりゃ楽なんだ。備品をはずしたら、床材と壁紙をひっぺがしてスッポンポンにするだけだからさ」

こいつは二日コースだろうな——全体を見わたしながら工程を皮算用していると、

「あの、ちょっといいスか」

タオルを頭に巻いた金髪の若衆が声をかけてきた。

「これ……なんスかね」

作業用手袋を嵌《は》めたまま、彼は真上を指している。

その指にいざなわれ、顔をあげた先に——女がいた。

巨大な女の顔面が天井いちめんに描かれていた。

「ええと……あれだ、貝殻に裸のねえちゃんが立ってる外国の絵。あんな感じの顔よ」

つまり女の顔はボッティチェリ作『ヴィーナスの誕生』に似ていたらしい。もっとも、本家に比べて〈スナックのヴィーナス〉は、どこか不吉な雰囲気であったそうだが。

「なんだか全体のバランスが悪くてな。目は左右で大きさがちぐはぐだし、顔も微妙に曲がってるしでよ。唇だけやたら生々しかったのは、強烈に憶えてるよ」

はじめは装飾の類かと思ったが、女の顔は濁った茶色だけで描かれており、色ムラもひどい。妙な迫力こそ感じられるものの、店の雰囲気とは合致していないように見える。

だが、自然のいたずらにしてはあまりに精巧で、単なる汚れやシミとも考えにくい。

「なんか、やばいっスよね」

金髪は、口をぽかんと開けたまま天井を見あげている。間口さんも「そうだなあ」と曖昧《あいまい》に同意した。

「それ以外に言いようがねえだろ。こっちは美術だの芸術だの判んねえしよ。なにより仕事の前にダベってるわけにいかねえもの。適当に答えてから、掛矢《かけや》（大型の木槌）でガンガン内装を壊しはじめたんだ。なにせ、こっちは〈日帰り〉だからな」

作業は、夕方までに壁や床など八割方が終わった。天井の解体は電気配線を確認する必要があるとかで、翌日に持ち越されたという。

「で、俺はそのまま帰ったんだけど……問題はそのあとよ」

数週間後、スナック解体の手伝いを乞うた知人業者から電話が入った。

「おい、ケンジって憶えてるか。ウチでいちばん若いの」

「ああ、金髪でロン毛のアンちゃんだろ。アレがどうした」

「あいつ、あのスナックを借りたんだよ」

「はあ?」

間口さんが帰ったあと、金髪の青年は親方である知人に連絡を入れ「店の大家と話がしたい」と訴えてきたのだという。なにかトラブルでも遭ったのかと問う親方に、彼は「自分、ここ借りたいんス。だから解体は中止してもらえますか」と告げたらしい。

「へえ、現場を辞めてスナックのマスターになったのか。このご時世に酔狂だなあ」

「いや、アイツはいまでもウチで働いてるよ」

「……話が見えねえな」

「要するに家賃だけ払って、解体途中の店をそのまま保存してるんだ。別な若いモンに聞いたところじゃ、仕事をあがるなり毎日店に行っては寝泊まりしてるらしい」

「寝泊まり……」

二の句が継げずにいる間口さんを無視して、知人は「それでな」と話を続けた。

「あるとき、ケンジが現場に携帯を忘れてよ。〝どうせあのスナックにいるだろうから、届けてやれや〟って若いのを向かわせたんだ。すると、ソイツから電話が入ってな」

親方、なんかヤバいすよ——。

若い衆は言いつけられたあと、すぐにスナックのあるビルを訪ねた。

休業中なのか辞めてしまったのか、一階二階ともに開いている店はない。ひっそりと静まりかえる闇のなか、彼は駆け足で階段をのぼり〈ケンジの店〉へ向かった。

木製の扉を開けると、ドアベルがわずかに鳴った。

おそるおそる室内を覗く。

防音と断熱を兼ねたグラスウールがむきだしになっている壁、コンクリが露出した床。作業半ばで解体を終えた空間は、わずかに肉が残る白骨死体のようだった。

その〈骨と肉〉のまんなかに、ケンジが仰向《あおむ》けで寝そべっている。

真っ赤な口紅を塗り、でたらめなメイクをした顔で、彼はにこにこ微笑んでいた。

「……なにしてんだ、お前」

若衆がようやくそれだけ訊ねると、ケンジは目線を動かすことなく「ずっとこうしていましょうねえ」と答えた。誰に対しての科白《せりふ》かは判らなかった。

「そいつもブルっちまってよ、入り口に携帯電話を置いてスタコラ帰ってきちまった。ま、翌日もケンジはちゃんと現場に来たし、仕事ぶりも変わらねえから、俺としちゃあそれ以上なにも言えねえんだけどな」

ほんと、最近の連中が考えることは判らんよ——知人は嘆息していたが、間口さんはそうは思わなかった。ケンジがなにを考えているのか、なんとなく理解できた。

寝そべっている——つまり、その視線が注《そそ》がれた先には天井がある。
彼は、あの巨大な女と、ひと晩じゅう見つめあっているのだ。

「……そんな話を聞いたもんで、そう思っちまうのかもしれねえけどよ」

去り際、間口さんがコンビニ前の灰皿でタバコをねじ消してから、口を開いた。

「天井の女、最初に見たときと作業が終わるころで表情が変わって見えたんだよな」

それだけ言ってトラックへ乗りこむ彼を追いかけ、私は最後の質問を投げる。

「最後に見た表情、嬉しそうでしたか。それとも悲しそうでしたか」

「いや、あれは怒ってたな。聖域に踏みこむのを怒ってる神様の顔だった」

# 階下にも

「天女」の取材から数週間後、私は「舞台となったビルを何度か訪れた」という男性と、たまさか邂逅《かいこう》を果たした。以下は、そんな彼の証言である。

三階のスナックは知らないなあ。僕がかよっていたのは二階の居酒屋なんで。ごく普通の店でしたよ。それなりに安いぶん味は値段相応、でもまあ当時はけっこう賑わっていましたね。店内は明るい雰囲気だし、怖い体験をしたこともないです。あ、でもトイレはちょっと変だったな。壁紙いちめん茶色い汚れがぶわあっと広がっているんです。水漏れだと思うんだけど、なんだか巨大な手みたいでね。人間の手——なのかなあ。細くて長い指で、鉤爪《かぎづめ》が生えているように見えました。店長に訊いたけど〝ええ、まあ〟なんて言うだけで。あれ、なんだったんだろう。

# 忌遇、あるいは鬼遇

〈奇遇〉を辞書で引くと「思いがけず、不思議な縁で巡り会うこと」とある。出会《でくわ》すはずのない遠隔地で旧友に声をかけられる、たまさか知りあった人物が親友と親しい間柄だった——などの〈奇遇〉は、誰しもが経験しているはずだ。

しかし、不思議な縁が喜ばしいものばかりとはかぎらない。

そして、たまさか出会すものが、人間であるという保証も。

工務店を営む巽さんが、馴染みのスナックを訪れたときの話である。

カウンターでママと他愛もないお喋りをしていると、ドアベルが鳴って、スーツ姿の男性がのっそりと入ってきた。男はよほど酩酊《めいてい》しているのか、やけに息が荒い。早足で奥のスツールへ向かい、どすんと腰をおろした。

すかさずママが男の注文を聞きに巽さんのもとを離れる。仕方なくひとりで水割りを舐めていると、男の大声が耳に入ってきた。どうやら彼は交通事故を目撃したらしく、その所為《せい》で昂《たかぶ》っているようだと知れた。

「つい三十分前だよ。そこの横丁を歩いてたらさ、真っ赤な車が信号無視して十字路を突っきったんだ。〝危ねえなあ、ぶつかるぞ〟と思っていたら、あんのじょう。背後でものすごい音がしてさ。びっくりしてうしろを見たら、宙を舞っていた自転車が道路に落ちるところだったんだよ。自転車に乗ってた人は跳ね飛ばされちまって、自転車から十メートルくらい離れた先にうつ伏せになったまま、ぴくりとも動かなかったな。ほら、赤い棒振って車を誘導する仕事、あるだろ。あの制服を着てたから、たぶん仕事帰りだったんじゃないのかねえ。あの様子じゃ助からねえかもしれねえなあ」

男が言う十字路は、スナックから目と鼻の先である。

巽さんもすこし前に通りすぎたはずだが、事故の痕跡など目にした憶えがない。とはいえ自分もそこそこ酔っているので、見たも見ないも確証が持てなかった。

いずれにせよ、聞いていてあまり気持ちの良い話ではない。おかげでなんだか酔いも醒《さ》めてしまい、水割りを三分の一ほど残して勘定を済ませた。

勢いで店を出たはいいものの、なんだか心が落ちつかない。

どうせだから、もう一軒くらい寄るか――そう決めて、歓楽街へ踵《きびす》をかえそうとした直後、自分のうしろで凄まじい金属音が響いた。

驚いて振りかえると同時に、ひね曲がった自転車が目の前に落ちてきた。

人身事故だった。

撥《は》ねた車は真っ赤なスポーツカーで、十字路のミラーにフロントをめりこませたまま停まっている。被害者は、数メートル先の路上にうつ伏せの姿勢で倒れていた。遠目にたすき掛けの反射板が見え、交通誘導員の制服だと判った。

先ほど盗み聞きした男の説明が頭をよぎる。

おなじ場所で続けざまに、おなじ色の車がおなじ制服の人間を撥ねる。

そんなことが起こるものだろうか。

そもそも、あの男の言っていた事故など本当にあったのだろうか。

それ以前に、あの男は誰なのか。

ぞっとしているうち、周囲の店舗から人がわらわらと出てきたので、巽さんは慌ててその場を立ち去った。

後日、スナックでママに男のことを訊ねたが、やはり男性は初見の客で、あの日以来一度も顔を見せていないと言われた。

だからいまも、なにもわからないままである。


山形県に住む結子さんが、二十代のころに体験した話。

当時、彼女の暮らす集落にはオナカマと呼ばれる巫女《みこ》がいた。両目が不自由な老女で、死んだ者を憑依させたり、神がかって託宣をする──との評判だった。

住民のなかには相談に訪れる者も多かったようだが、彼女は興味がなかった。老女が本物だろうがインチキだろうが、そもそも相談する悩み自体なかった。

ところが彼女の叔母という人が、このオナカマの熱心な信奉者だった。

おかげでことあるごと結子さんに「いつ嫁に行けるか一緒に見てもらおう、絶対に当たるから」としつこく誘ってくる。最初は適当な理由をつけてやんわり断っていたが、そのうち言い訳が思いつかなくなり、しぶしぶ一度だけいく羽目になった。

次の日曜日——叔母に引かれて訪ねた結子さんを、オナカマは目が不自由とは思えぬすばやさで奥の間へ案内し、座布団を引きずってきて彼女の前に「座れ」と置いた。とりたてて会話もなく、するりと〈儀式〉がはじまる。

オナカマは大きな弓をぶんぶん鳴らしてなにごとか唱えていたが、おもむろに、

「あんたは小指がない旦那と結婚する。けれども真面目な人だし、商売は繁盛すっから気にすんな。仲良く暮らせ。一族仲良く暮らせ」

と、謡《うたい》のような抑揚で告げた。

小指がない。普通に考えれば「カタギの職業ではない」という意味に解釈できる。そんな人間はまわりにいないし、自分もその手の世界とは無縁で生きてきた。

「極道の妻になるというのか」と結子さんは憤慨した。それでもオナカマは「んでも、悪い人でねえから」と譲らない。結局、彼女はたいそう怒ってその場を辞去することになり、それが原因で叔母ともしばらく絶縁状態になった。

数年後——彼女は同僚から紹介された男性とつきあいはじめる。

印刷工場に勤務する実直な人物だった。穏やかな性格に好感を持ち、ふたりの関係は

着々と進展していった。

あるとき、ふいにオナカマの事件を思いだした結子さんは、笑い話のつもりで男性に一連の騒動を話した。彼もジョークと受け取ったようで、笑いながら両手両足の小指を見せてきた。話はそれきりでしまいになり、再び彼女もそのことを忘れてしまった。

順調に交際が続いていた、ある日のこと。

いつもどおり結子さんが会社で仕事をしていると、自分宛てに電話がかかってきた。連絡をよこしたのは男性の同僚を名乗る男で「彼が事故に遭った」と慌てている。

「点検中にいきなり機械が動きだして、袖が巻きこまれたんです」

おっとり刀で病院に駆けつけると、ちょうど手術が終わったところだった。

幸い命に別状はなかったものの、腕をローラーに持っていかれたために、彼の右手は古いグローブのように変形していた。ほかの指はなんとか接合できたが、何度も何度も圧《お》し潰された小指だけは、結局欠損してしまったそうだ。

事故が起こった日は、婚姻届を提出する前日であったという。

西沢さんはその日、出張で地方のビジネスホテルに宿泊していた。

ホテルの一階に併設された居酒屋で軽く飲み、部屋に戻ってきたのは夜中の一時。

シャワーでさっぱりしたいが、ベッドに倒れこんだまま動く気にならない。

朦朧《もうろう》とした頭で「明日も早いし、浴びておこうかな。でも面倒だな」などと逡巡していた矢先、部屋の壁が、どどどどどッ、と凄まじい勢いで連打されはじめた。

どうやら、隣室の客が殴りつけているらしい。

騒音への抗議とおぼしいが、こちらは迷惑になる音など立てた憶えがない。そもそも、さっきまで部屋は無人だったのだ。

さすがに身を起こして、なにごとかと身構えるうち——ふいに音が止んだ。

ホッとしたものの、おかげですっかりと目が覚めてしまった。

しぶしぶ浴室へ向かいシャワーを浴びていると、ドアの向こうを乱暴に歩く複数名の足音が聞こえた。隣室だろうか。おおかた別な部屋から文句が入り、従業員が嗜《たしな》めに向かったのかもしれない。

隣はどんな人間なのだろうと、すこしだけ興味が湧いた。

浴室で身体を拭き、寝間着を羽織ってからドアを開ける。

廊下を覗くと、隣室へ入っていくヘルメット姿で青い服の男たちが目に入った。

どう見ても——救急隊員である。

いったい隣でなにがあったのか。さっきの音はなんだったのか。

怖くなり、そっとドアを閉めた。

翌朝、チェックアウトの際にそれとなく訊ねてみたが、受付の従業員は「お騒がせをいたしました」と詫びるばかりで、なにも教えてはくれなかった。

奇妙ではあったけれど、延々と気にかけるほどの出来事でもない。だから、すっかり忘れていたのだが——最近になって、西沢さんはあることに気がついた。

あの日、自分が宿泊した部屋の番号は〈二〇二〉号室。

その隣室だから、音の主が泊まっていたのは〈二〇三〉号室。

それから十数回出張に赴いているが、部屋はすべて〈二〇二〉になる。

旅行サイトで予約しても会社の総務に宿を頼んでも、かならずおなじ部屋番号になる。

「高層階の部屋をお願いします」とわざわざ頼んだにもかかわらず、いざ現地に着いてみると、ホテル側の手違いで〈二〇二〉になっていたこともあった。

「たまたまだとは思うんですけれど……」

あの激音に応えなかった所為ではないか——との思いが、いまも拭《ぬぐ》えないという。

この話を取材してから半月後、西沢さんから連絡があった。

一年ぶりに出張したとの報せで、部屋は〈二〇二〉であったそうだ。

# さかしら

座右の銘が〈山は銀行〉だという楢崎さん。

茸《きのこ》や山菜はもちろん漆《うるし》からクワガタ虫にいたるまで「山のものはすべて銭に替えてきた」と豪語してはばからない御仁である。

「すべて」ということは、当然あまり歓迎されないもの――つまり、死骸も含《ふく》まれる。

「シカやタヌキの頭骨はネットでよく売れるよ。あとは博物館から骨格標本を頼まれたこともあったな。ほかの獣に食い散らかされると小骨や関節がバラバラになっちまう。五体満足のきれいな遺骸を見つけるのは、文字どおり骨が折れるんだ」

新しい死骸を見つけると、彼はまず皮を剥《は》いで内臓や筋肉を摘出し、眼球を抉《えぐ》りとる。それから眼窩《がんか》に木の枝を挿しこみ、脳を掻《か》きだすのだという。

「腐りやすい部分を除いておくのがコツだな。あとは地面に大きめの穴を掘って清潔な砂で埋めときゃ、大きいシカでも季節ふたつで骨になる」

「でも……そんなに遺体を弄《いじく》ったら、死んだ動物に祟られそうですね」

彼が体験したという〈奇妙な出来事〉を聞こうと、強引に話の流れをそちらに変える。

そんなこちらの思惑を嘲笑《あざわら》うように、楢崎さんが鼻を鳴らした。

「動物が祟るなら、豚だの牛だの食ってる都会の連中は全滅じゃねえか。祟るってのは人間サマの理屈だろ。人のものを山に持ちこんだらロクなことにならねえんだ。クマにスナック菓子やるのと一緒だよ」

彼が憮然《ぶぜん》とした表情で持論をぶつ。話に聞いていたとおり、ひとすじ縄ではいかない性格のようだ。

「なるほど。ほんと、そうですよね」

なんとか機嫌をなおしてもらおうと、太鼓持ちよろしく同意したふりをする。

直後、楢崎さんから笑みが消えた。

「ま、そう考えるようになったのは……ちょっと理由があってな」

唐突な本題の開始を悟り、私は慌ててメモ帳を開いた。

ある年の七月はじめ——彼はひとり、裏山へ向かっていたのだという。

「道の駅に卸《おろ》す、シオデって山菜を採りに行ったんだよ。生えてる場所が狭いもんで、滅多に見つからない。そのぶん高く売れるんだ」

彼しか知らないシオデの穴場をめざし、藪《やぶ》を漕いで獣道をわたる。里より涼しいとはいえ、季節は初夏。険《けん》を冒《おか》しながら進むうち、シャツもズボンも汗みずくになっていた。

堪らずに岩場へ腰をおろし、頭に巻いたタオルをほどいて汗を拭う。

ほう——とひと心地ついた直後、楢崎さんは〈それ〉に気がついた。

タンパク質が分解されるときの独特なにおい。若干の吐き気をもよおす、あのにおい。

これは屍臭だ。このあたりで動物が死んでいるのだ。

なにせ〈山は銀行〉の人である。宝の山を前に、彼は色めきたった。すぐさま立って鼻をひくつかせるうち、どうやら屍臭はこの先から漂《ただよ》っているらしいと判明した。

頼むぜ、せめて頭蓋骨は無傷であってくれよ。

ゼニの予感に舌なめずりをしながら、楢崎さんは臭気のありかを探し続けた。

発見したのは、およそ十五分後。

ちいさな沢におりる畔《ほとり》で、一頭のカモシカがフキの葉に包まれて死んでいた。

悪臭から察するに、息絶えてからおよそ三、四日というところか。幸い、獣が喰った痕跡も虫がたかっている様子もない。骨にするには、きわめて好条件の亡骸《なきがら》である。

にもかかわらず、彼は手が出せなかった。

あまりにも美しかったのだ——という。

端正な顔のカモシカは、全身が虹色だった。

脂《あぶら》が滲《にじ》んでいるのか、濡れ毛が螺鈿《らでん》を思わせる色にぎらぎらと輝いていた。

どうすべきかしばらく悩んでから——楢崎さんは拝んだ。

せせらぎが響くなか、七色カモシカの前に屈みこんで瞑目し、手を合わせた。

「普段だったら、絶対にそんなことはしないんだが……あんまりきれいなもんで、つい魔が差したんだな」

合掌を終えて、そっと目を開ける。

直後、せせらぎが聞こえないのに気がついた。

先ほどまで耳に届いていた沢の水音が止まっている。それどころか、葉を撫でる風も鳥の声も、すべての音が途絶えていた。心なしか気温も低い。空気がやけに生ぬるい。

まるで、山そっくりの模型に迷いこんだような心持ちだった。

もはや、シタデにもカモシカにも興味が失くなっていた。経験と直感が「すぐに下山しろ」と告げていた。

タオルをきつく絞めなおし、畦《あぜ》をのぼるために踵をかえそうとして——止まる。

「さかしら」

背後なのか耳許《みみもと》か、それとも目の前だったのか。ともかく、すぐ近くで声が聞こえた。あたりに音がないことを加味しても、あまりに明瞭《はっき》りとした声音だった。人であるはずがない。人など居るはずがない。だとすれば、なんだ。

畦を踏んだ姿勢のままで耳を欹《そばだ》てているうち、もう一度、

「さかしら」「さかしら」

今度はふた鳴きした。それでようやく、声の所在が判った。

足許《あしもと》だった。

カモシカが腐りかけの首をもたげ、楢崎さんを凝視していた。

地べたに接していた側の顔半分が、あらわになっている。すっかり体毛が抜け落ち、赤黒い肉と筋繊維が露出したなかに、ぽこんと眼球が残っていた。

眼球は上下左右でたらめに視線をめぐらせ、ぐりぐり回転している。見えない掌《てのひら》で

卓上のボールを撫でまわしているような動きだった。

戸惑いのままに後退《あとじさ》る。はずみで靴が小枝を踏み、ぱきんと鳴った。

「さかしら」

カモシカが呼応する。古い吹き替え映画のように、声と口がずれていた。

きちんと憶えているのは、そこまでだという。

「何度も転びながら山を下ったんだろうな、気がつくと傷だらけで玄関前に立っていた。死体には指一本ふれていないんだが、掌が虹色の脂でべったり汚れていてね。どれだけ洗ってもしばらく落ちずに難儀したよ」


それからしばらく経って、楢崎さんは「賢《さか》しら」なる言葉の存在を知った。

こざかしく、物知りぶった者を揶揄《やゆ》する古文なのだという。

「つまり、あのとき俺は嘲笑われたんだな。骨をむしろうとしていた人間が、いまさら殊勝《しゅしょう》な真似をするなよと揶揄《からか》われたのさ。反省したよ」


いまでも彼は山に入り浸《びた》っている。

ただし、死体探しはおこなっていない。
おなじような死骸を再び発見してしまったら、また拝んでしまいそうな気がする。
けれどもたぶん、二度目はない。もう笑って許してはもらえない。
そんな予感がする。

# 不見《みせず》

正治さんは学生のころ、関西地方にあるちいさな写真屋でアルバイトをしていた。

だが、時代は平成のなかば。デジタル化の波によってフィルム現像の需要はどんどん減り続け、とうとう店は廃業することになってしまったのだという。

最後の営業日——しんみりしながら在庫を整理していると、店長に声をかけられた。

「今日で終わりやし、特別に見せたるわ」

招かれるまま事務室へ行くと、店長はいつも鍵が掛けられているスチール棚を開け、そこから茶封筒をみっつ取りだして机に置いた。

「店長……これ、なんですのん」

正治さんの言葉に、店長がほくそ笑む。

「お客さんに渡せへんかった〝いわくつき〟の写真や。たいていは処分すんのやけど、あんまりエグい三枚だけポジを保管しといたんや」

そう言いながら、店長が茶封筒のひとつに指をつっこむ。

引っぱりだした写真には、海岸でピースサインをする水着姿の子供が写っていた。

子供は腰に赤い浮き輪を嵌めている。その輪郭が、なんだかおかしい。人物や風景は明瞭《はっき》りしているのに、浮き輪だけぼんやりと滲んでいる。

写真を顔に近づけてみれば、浮き輪に見えたのは真っ赤な光の輪だった。夜に長時間露光で花火や観覧車を撮れば、たぶんこのような写真になるはずだ。けれども、写っている風景はどう見ても日中、それも陽射しが強い夏の海辺である。

訝《いぶか》しむ彼の背後で、店長がささやいた。

「海で撮ったほかの写真な、この子の遺影になったんや」

「は」

絶句する正治さんをよそに、店長はふたつめの封筒を逆さに振った。

ひらひら落ちてきたのは、笑顔でテープカットをする人々の写真である。どうやら、デパートか大型スーパーの開店セレモニーらしい。まんなかでは禿頭の男性が群衆から一歩前に進み、いままさにテープに鋏《はさみ》を入れるところだった。

その鋏の刃を、白い手が握りしめている。

薬指だけが糸のように細い手だった。

はじめは「テープカットの補助でもしているのかな」と思ったが、男性の周囲に人はおらず、身体を隠すような場所も見あたらない。そもそもテープを掴《つか》んで支えるならばともかく、鋏の刃を握る必要などどない。

再び店長が小声で言った。

「このハゲのおっさんな、開店した翌日にその店のトイレで首くくったんや」

「え、そんな……」

薄ら寒い気持ちで写真を眺めていたそのさなか、店長が「あれっ」と叫んだ。見ると、手にしたみっつめの茶封筒を覗きこみ、首を傾《かし》げている。

「どうしました」

「三枚目がない。入れとったはずの写真がないんや」

「気味が悪いんで、誰か処分したんと違いますか」

「ありえへんて。このロッカーの鍵は俺以外持ってないねん」

あまりの狼狽《ろうばい》ぶりに、思わず正治さんは問いただした。

「あの、なくなった一枚て、どんな写真やったんですか」

「どんな、って……家族写真に」

口を開きかけた店長が、はっとする。

「お前は知らんほうがええわ。なんか遭っても、俺は責任とれへんからな。見いひんで命拾いしたかもしれんで」

さっきまで嬉々として解説をぶっていた人物の科白とは思えなかったが、蒼白の顔は冗談を言っているようには見えない。

かくして〈いわくつき〉の発表会はうやむやのまま終わり、店は閉店時間を迎えた。

店長とはその後連絡を取っていないので、現在どうしているのかは判らない。


それから、十数年後。

東北でカメラマンとして働いていた正治さんは、業界の先輩から「コスプレイヤーを撮影することになったので、助手を務めてほしい」と頼まれた。

当日、先輩の車で訪れたのは県内にある老舗《しにせ》旅館。旧い別館や庭園でイベント告知のポスター用写真を撮るのだという。

と、機材をセッティングしている正治さんの肩を先輩が「おい」と小突いた。

「此処な……出るんだってよ」

「出るって、なにがですか」

正治さんの問いに、先輩は無言で両手をだらんと下げた。

宿泊客がお化けを見る――そんな噂は彼も聞いていたが、あまり信じていなかった。

「むしろ〝信じたくなかった〟というのが正しいかもしれません」と正治さんは言う。

原因は当然、学生時代の写真屋での一件である。

だから、話題をさらりと受けながして撮影に取りかかった。


フレームに入らない位置に立ち、指示されるまま被写体にレフ板を当てていく。

と、軽快にシャッターを切っていた先輩が「あっ」と叫ぶなり屈みこんだ。

「ごめん、ちょっとタイム」

そのまま一分ほど待ったが、撮影が再開される様子はない。先輩は膝立ちの姿勢で、カメラのファインダーをじっと眺めている。

機材トラブルかと駆けよる正治さんに、先輩が無言で望遠レンズを差しだした。

「……なんですか、これ」

カメラ側へ取りつける〈後玉《あとだま》〉というレンズの球面に、縦一文字の亀裂が入っている。

露出している〈前玉《まえだま》〉であれば、小石が跳ねたり落下したりなどの衝撃でひび割れることもあるだろうが、後玉でそれは考えにくい。

「二十年この仕事をしてるけど、こんなのはじめてだよ」

先輩が青い顔で答える。

撮影は、急きょ替えのレンズを用意してなんとか終えたという。


その帰り道、運転席の先輩が前方を睨んだまま、ぽつりと言った。

「実はな……後玉が割れる直前、変なものが一枚だけ撮れちゃったんだよ」

「え……変なものってなんですか」

訊ねたものの、答えは返ってこない。

興味が湧き、正治さんが後部座席のカメラケースへ手を伸ばした瞬間、

「やめとけッ」

先輩が太い声で怒鳴った。

「お前は見ないほうがいい。責任取れないから。命拾いしたと思って忘れろ」

先輩の科白が店長とまるきり一緒だったことに、ぞくりとした。

いまでも先輩とはたびたび仕事をするが、例の写真は絶対に見せてくれない。

だから、確証はないのだけれど――正治さんは「店長が失くした写真と先輩が撮った写真には、おなじものが写っていたのではないか」と思っている。

# 不視《みえず》

岩手県北上市にある曹洞宗の寺院、花岩山永昌寺。

この寺で住職を務める海野氏は、ややユニークな経歴で知られている。

「若いころはスキーに夢中で、それが高じて都内の会社とプロ契約を結んだんですよ。競技に出場したりスポーツイベントを運営したりと、一年じゅう各国を飛びまわっていました」

なんとも充実した人生のように思えるが、さにあらず。満たされた日々のいっぽうで、彼は当時ひそかに悩んでいたのだという。

「寺の息子だから」という理由でもないのだろうが——奇妙な目に遭うのである。

「たとえば、あるとき出張先の宿で寝ていたんですが、ベッドで金縛りに遭いましてね。はじめは〝疲れているだけだよ〟なんて、無理やり自分を納得させていたんですけど、布団の脇に置いていた読みさしの新聞が、ぱら、ぱら……と捲《めく》れていくんですよ。窓を開けていたわけでもありませんから、風とも考えにくいですしね。あれは驚きました」

懐かしそうに笑顔で話していた住職が「でも」と表情を引き締めた。

「いちばん恐ろしかったのは……あのときですね」


その夏、彼は東日本某所のスキー場を訪れていた。

翌シーズンに向けての視察を兼ねた打ちあわせだったが、ことのほか話が盛りあがり、車に乗りこむころにはすっかり日が暮れていたのだという。

「いつもは山沿いを迂回する国道で帰るんですが、その日は〝すこしでも早くホテルに戻りたいな〟と思って、近道の峠を選んだんですよ」

つづら折りのカーブをいくつも曲がり、町へ向かう。車のヘッドライトに照らされるガードレールがところどころ押し潰れていた。理由は考えないようにした。

「それで……ちょうど下り坂に差しかかる手前でしたかね」

視界の端が揺らいだ。バックミラーのなかで、なにか動いたような気がした。

鏡ごしに背後へ目を遣《や》ったものの、後続車の類は見えない。

気の所為だったのかな――。

そう思った直後、バックミラーの景色が「黒くなった」のだという。

「一瞬、リアウインドウに暗幕が張りついたのかと思いました。だって、目の前の空はまだ群青《ぐんじょう》色なんです。夕暮れなら、普通は暗さにグラデーションがあるじゃないですか。なのに車のうしろの景色だけが、べったりと黒いんですよ」

事故を起こさぬよう運転に注意しながら、背後をちらちらと確認する。

あいかわらずなにも見えなかったが「なにかが追ってきている」という確信だけは、どんどん強まっていった。

「気配というのか、空気というのか……はじめて〝見えないものを視ている〟のが判りました。あれは、なまじっか見えるよりもはるかに怖いものですね」

バックミラーを見ないようおのれに言い聞かせ、汗ばんだ手でハンドルを何度も握りなおす。

アクセルを踏みこみたい衝動を必死に堪え、カーブを曲がることだけに集中した。

いつ〈それ〉に追突されてもおかしくない――そんな緊張感があったという。

三十分ほど走ったころ、ようやく街の灯が目に入った。

いつのまにか背後の〈黒〉は消え、ごく普通の〈夜〉に戻っていた。

ホテルにつくなり車を飛びだして入り口へ走る。顔面蒼白の海野さんを見て、顔なじみのフロント係が目を丸くした。

「どうしたんですか」と訝しむフロントに、彼はいましがたの出来事をしどろもどろで伝えた。怖がってほしかったわけではない。むしろ「気の所為ですよ」と笑ってもらうつもりだった。

ところが――。

フロント係は彼の話を聞き終えるより早く、

「でしょうね」

実にあっさりと言った。

「先週あそこの峠でバイク事故がありまして、ひとり亡くなったんですよ。ずいぶんとひどい事故だったようでね、フルフェイスのヘルメットが〈血の水槽〉みたいになっていたそうです。だから、亡くなった方の視界は」

真っ暗だったんでしょうね。

「最後のひとことを聞いて膝から崩れ落ちましたよ。だって私、明日も明後日もおなじスキー場に行く予定だったんです。〝聞かなきゃよかった〟と後悔しましたね」

翌日からは国道を利用したため、奇妙な目に遭うことはなかったという。


「……で、いまはどんなモノが視えてしまうんですか」

前のめりで問う私に、海野住職が「それがね」と相好《そうごう》を崩した。

「その後、私はいろいろあって寺を継ぐことになり、曹洞宗本山の總持寺《そうじじ》で修行したんです。ところが修行を終えて送行《そうあん》したとたん、なにも視えなくなってしまったんですよ」

視認はおろか、怪しげな気配ひとつ感じない。

これはいったいどういうことだ——悩んだすえ、住職はひとつの結論に辿《たど》りつく。

ああいうモノは此方《こちら》の〈迷い〉を、じっと視ているのではないか。

つまり、視られていたのは、自分のほうだったのではないか。

〈視られる〉とは、すなわち〈魅入られる〉ことなのではないか。

そのように思ったのだそうだ。

「……なんだか、禅問答みたいな答えですね」

腕組みをして考えこむ私に、海野住職がにっこり微笑んだ。

「ええ。なにせ当山は曹洞宗、禅のお寺ですから」

呆気《あっけ》にとられるこちらへ、住職は静かに合掌した。

# 不乗《のれず》

車にちなんだものでは、こんな出来事も聞いている。

衿原くんが学生時代、隣県の工業都市を訪ねたときの話だ。

その街には、遠距離恋愛中のガールフレンドが暮らしていた。家庭の事情で彼女が引っ越して以降、ふたりは月に一、二度おたがいの街を行き来していたのだという。

しかし、先月は衿原くんの祖父が亡くなったために葬儀など諸々が重なってしまい、結局会うことはかなわずじまい。今回は二ヶ月ぶりの再会だったわけである。

早朝、愛車の軽自動車に乗って自宅を出発する。

彼女の笑顔を思い浮かべて胸を高鳴らせつつも、そこは慎重派を自称する彼のこと、はしゃぎすぎて事故でも起こしたら本末転倒だと、ことさら安全運転を心がけた。

待ちあわせ場所のファミレスに到着したのは、お昼過ぎ。

駐車場へ入ると、入り口にぽつんと立ちつくすガールフレンドが見えた。運転席から手を振ったものの、彼女から反応はない。いつもならばすぐ衿原くんに気づいて笑顔を浮かべるのだが、今日はやけに態度がよそよそしく思えた。

もしかして、先月会えなかったのを怒っているのかな。

それとも、ちょっぴり遅くなったから不機嫌なのかな。

まさか、まさか新しい彼氏ができたわけじゃないよな。

自称こそ慎重派だが、友人からは「疑り深いだけ」と揶揄《やゆ》される衿原くん、とたんに不安で堪らなくなった。

最悪の場合、今日が別れの日になるかもしれない——覚悟を決めて車を停め、軽めのクラクションを軽く鳴らす。とたん、彼女が笑顔でこちらへ駆けよってきた。

車を降りるや、真剣な口調で彼女に語りかける。

「あのさ……もし、俺に足りないところがあるなら努力するから……」

と、彼の言葉を無視して、ガールフレンドが「シブいじゃん！」と声を張りあげた。

「おかげで判らなかったよ。ねえ、いつのまに買い替えたの？」

なんの話だ——混乱をきたしつつ、彼女の視線を追って振りかえる。

自分の車があったはずの場所に、黒いセドリックが停まっていた。

先月死んだ祖父の車だった。

長らく愛用し、高齢を理由に運転をやめたあとも「気の向いたときに眺めたい」と、実家の裏へ置いていた車だった。葬儀後、処分する段になって鍵が見あたらなくなり、やむなく放置されていた車だった。

そんな莫迦な——はしゃぐ彼女をよそに、掌へ視線を落とす。

握られていたのは、古めかしいセドリックのエンジンキーだった。


「……ほら、怖い目に遭って失神しちゃって、気づいたら自宅で寝てた……なんて話があるじゃないですか。でも僕の場合は日中だし、自分の車を運転していた記憶はあるし、そもそも車の鍵は行方不明、乗れるはずがないんですよ。これ、なんなんでしょうか」

数年経ったいまでも、衿原くんは合点が往かぬままだという。

祖父の車は実家へ戻ってきたと同時に動かなくなり、エンジンがかかることは二度となかったそうだ。

# 赤い代車

「……本当にオンボロだな」

中古車ディーラーが用意した車を見て、延川さんは溜め息をついた。

愛車が突然故障したのが二日ほど前。いつもであればおりを見て修理に出すのだが、どうしても急いで実家へ帰省しなければならない用事があった。故郷は東日本の山村で鉄道やバスは通っておらず、タクシーで帰るとなれば料金がべらぼうにかかる。

そこで彼は、ディーラーに「どんな車でもいいから代車を用意してくれ」と泣きつき、一台の軽自動車を借りたというわけである。

たしかに、どんな車でもいいとは言ったけどさ——。

代車はエンジンこそ動くものの、ほとんどスクラップ同然の代物だった。

陽に色褪《いろあ》せた赤いボディはところどころが腐食しており、ドアミラーもガムテープで強引に補修されている。あちこち破けたシートからはウレタンが漏れ、ダッシュボードには細かな引っ掻き傷がいくつも走っていた。

オーディオはラジオとカセットデッキのみ。おまけに、デッキにはカセットテープが挿入されたままで、イジェクトスイッチが壊れているらしく何度押しても出てこない。

「このポンコツで山越えかよ」と不安になったものの、背に腹は替えられない。

代車を借りたその足で、彼は出発する。


郷里の県へ入るころには、すでに日付が変わろうとしていた。

スピードが出ないおかげで時間がかかったが、あとひとつ峠を越えればようやく村に着く。胸を撫でおろした直後、流しているラジオにノイズが混じりはじめた。どうやら山陰で電波が悪いらしい。とても聴いていられないほどの音質だが、かといって無音で走るのも居眠りをしそうで怖い。やむなく、延川さんはスイッチをテープに切り替えた。

〈……えお……えんでしたえ……でお……いませんでしたえ……〉

流れてきたのは音楽ではなかった。

ホワイトノイズのなか、くぐもった声がなにか喋っている。落語や講談かと思ったが、録音状態が悪いのか磁気部分が劣化しているのか内容がまるで聴きとれない。しばらく待ってみたものの、テープは〈でお……えんでしたえ〉を繰りかえすばかりだった。

いつのまにか、ヘッドライトの灯が弱くなったように思える。おかげで突然カーブが目の前に出てくるので気が抜けない。テープを止める余裕もないまま、延川さんは濃い闇に目を凝らして走り続けた。

十分後——ようやく峠が終わり、遠くに集落の家々が見えはじめる。集中が途切れ、安堵と焦燥がどっと胸に押し寄せてきた。

大丈夫、慌てるな。あとすこし、あとすこしだ。

自分に言い聞かせる——と、いきなりカーステレオのボリュームがあがった。

〈でも、まにあいませんでしたねえ〉

助手席で話しているような、くっきりとした声だった。女だった。

驚きのあまり喉《のど》が鳴る。それが合図であったようにテープの絡まる音がして、車内が無音になった。

声も、その中身も恐ろしかった。

それでも止まるわけにはいかない。必死にアクセルを踏み、ようやく実家に到着した。

前庭に急ブレーキで車を停め、転がるように飛びだす。玄関を勢いよく開けて居間へ入るなり、正座している父と目が遭った。

「かあちゃんは」

挨拶もそこそこに訊ねた息子へ、父が黙って首を振る。

隣では、母が布団に横たわっていた。

「母さんが危篤だ」と報せを受けての、急な帰省。

けれども──最期には、まにあわなかった。

代車の返却時、延川さんは「前の持ち主はどんな人物だったか」を訊ねている。

けれどもディーラーは「まあ、そろそろ廃車にするから」と曖昧な返事をするだけで、なにも教えてはくれなかったという。

# あたらしいともだち

どうせなので、もうひとつだけ車の話を。

ある男性が昨年、息抜きに人生初のソロキャンプへ出かけたのだという。

だが、訪れた市営のキャンプ場は予想以上に混んでおり、感染対策どころではない。とても長居する気にはなれず、とはいえこのまま帰るのも癪《しゃく》にさわって、男性は近隣の林でテントを設営することにした。

県道を離れて山際の小路《こみち》を奥へ奥へと進んでいくうち、十五分ほど歩いたところで、いきなり木々がぱっと失せ、一間ほどの平地が目の前にあらわれた。

広くはないけれど、テントを張るには申しぶんない。「これはよい穴場を見つけた」と、喜んでキャンプの準備をはじめた。

ペグを地面に打っている、そのさなかであったという。

「あたらしいともだち、あたらしいともだちがきた」

近くで、子供の嬉しそうな声がする。

家族連れでもいるのだろうかと周囲を見まわせば、数メートル先の草藪《くさむら》に一台の車が停まっている。とりあえず挨拶だけでもしておこうと、車に向かった。

近づくうち、真っ赤に錆びた剥《む》きだしの車軸が目に入る。

どう考えてもスクラップだが、子供の声はたしかに車のあたりから聞こえていた。

かくれんぼでもしているのかな――さらに近づく。

埃《ほこり》だらけの窓越しに、車内をせわしなく動いている影が見えた。

子供にしては小さい。猫とか、あるいは狸《たぬき》とか。

正体を想像しながらそろそろと近づき、なかを覗く。

やはり子供ではなかった。

頭の上半分が割れた市松人形が、ぱたぱたと後部座席を走りまわりながら「わあい、わあい」と愉しそうな声をあげていた。

キャンプ用品もそのままに、県道まで一気に逃げた。

数日後——彼はテントを回収するため、おそるおそる友人と平地を再訪する。
車内に人形の姿はなかったが、埃の積もった後部座席には、ちいさな足跡がいくつも残っていたという。

# わたしのモナリザ

多々井さんは「モナリザが大の苦手だ」と公言して憚《はばか》らない。

「ええ、ダ・ヴィンチ作の有名なアレです。女の人が静かに笑っていて、背後に山河が描かれているあの絵画です。ただ」

記憶のなかのモナリザは、よく知られているあの絵と異なるのだ——と彼は言う。

「眼球が三個あるんです。三つ目なんですよ」

はじめて見たのは高校一年のとき、美術の授業だった。

「絵画の歴史……的な内容だったはずです。先生が、ダ・ヴィンチの絵画を黒板に貼って紹介していたんですよ。最後の晩餐《ばんさん》とか、手がいっぱいある人体図とか」

そのなかに、モナリザがあった。

両手を重ねた姿でこちらを見つめ、おだやかな笑みを湛《たた》える黒衣の女性。

その目が、おかしな位置に描かれている。

左目は瞼《まぶた》の数ミリ上部にあり、切れ長の形状をしていた。

右目は頬骨のあたりについていて、こちらは鶏《にわとり》を思わせる丸い眼だった。

さらにもうひとつ――喉の中央に極小の目が描かれており、モナリザを見あげるように視線が真上を向いていた。

「先生が〝このみっつの目を結ぶと正三角形になるんだぞ〟と力説していたのをいまも憶えています。でも、どう考えても正三角形にはならないんですよ」

ほかの生徒の反応は憶えていない。ただ、多々井さん自身はモナリザに得体の知れぬ嫌悪をおぼえ、〈母親の裸身を目撃した〉ような感覚に陥《おちい》ったのだという。

「話題はすぐに次の絵へ移ったので、見ていたのはたかだか一、二分だったはずです。それでも非常に忘れがたい時間でした」

二度目の邂逅は、自宅の居間。

ある夜、たまたま点けたテレビで〈世界のさまざまなミステリーを探究する〉という主旨の番組が放送されており、そこでモナリザが紹介されていたのである。

授業で見たものと寸分違わぬ、三つ目の女性だった。

「これ、気持ち悪いよね」

おなじ部屋にいる両親と妹に同意を求めたが、反応は鈍かった。父は「俺に芸術はわからんよ」と新聞に目を落とし、母は「そうねえ」と受け流して台所に去っていった。妹にいたっては漫画に夢中で、返事すらしなかった。

そして——三度目に見たとき、モナリザは〈いまの絵〉に変わっていた。

「社会人になった翌年、なにかの広告に使われているのを見たんです。で、一緒にいた同僚に〝モナリザっぽい絵画だね〟と言ったら〝いや、モナリザでしょ〟と怪訝《けげん》な顔をされて」

帰宅後にインターネットで調べると、広告の絵画はまさしくダ・ヴィンチ作のモナリザだった。十六世紀に描かれ、現在はルーヴル美術館が所蔵していることもはじめて知った。

つまり、五百年以上おなじ作品だったことになる。

「だとしたら……僕が目にしたモナリザは、いったいなんなんでしょうか」

話をひとくさり聞き終え、私は多々井さんに〈マンデラ効果〉を説明した。

これは「事実ではない記憶を不特定多数が共有している現象」を指す言葉で、名称は南アフリカの指導者だったネルソン・マンデラに由来している。

マンデラは二〇一三年、九十五歳で病死した。にもかかわらず、「マンデラは八〇年に獄中死した」と認識している人間が一定数存在するのだという。ほかには「アメリカの州はひとつ多かった」との主張や「有名アニメ映画のエンディングが現在流通しているものとは別バージョンだった」などの流説も〈マンデラ効果〉として知られている。

これらの事例は、しばしば並行世界や多元宇宙の証明に使われる。この世界にはある地点から分岐した別な現実世界が存在し、なにかしらのきっかけで我々は現在の世界と異世界を行き来してしまう——という理屈だ。

だが、その正体は虚偽記憶、つまりは捏造《ねつぞう》された思い出なのだという。

現に、名称の起源となった「マンデラの死」は、おなじ南アフリカの活動家であったスティーブ・ヴィコの獄中死と混同された可能性が高いといわれている。すなわち、多々井さんが見たモナリザもマンデラ同様、のちに作られた記憶の産物なのではないか。

私はそのように思った——のだが。

「……要するに、単なる私の勘違いという話ですよね」

彼は、あきらかに納得していない様子だった。

当然といえば当然だ。これまで長らく抱えてきた奇妙な記憶を「勘違いです」と言われて、すなおに受け入れる人間などいようはずがない。

悩んだ私はモナリザのパロディ画をスマホで検索し、多々井さんに次々と見せた。数多ある模倣作のいずれかを本物だと誤認しているのではないか——そう考えたのである。

「これは違いますか。じゃあ、こっちはどうですか」

バタイユが描いたパイプを喫《す》うモナリザ、マルセル・デュシャン作の口髭を生やしたモナリザ、コロンビアの画家が描いたという、まるまると肥《ふと》ったモナリザ——。

あらかたの〈モナリザもどき〉を見終わった多々井さんが、首を横に振る。

「全部違います。どれもこれも目がふたつじゃないですか。僕が見たのは三つ目だったんです」

「ですから、それ自体が記憶の改竄《かいざん》という可能性もですね……」

私の言葉を遮《さえぎ》るように、彼が大きく溜め息を吐いた。

「じゃあ、ほかの人も記憶を改竄されたというんですか。同級生だって〝たしかに眼は三個あった〟と証言しているんですよ」

「え、いや、ちょっと待ってください」

思わず掲示していたスマホを落としかける。

「同級生って、どういうことですか」

「どういうことって……五年前の正月、地元で高校の同窓会があったんですけど」


その日、海鮮居酒屋にクラスメイトのおよそ半数が集まったのだという。

同窓会といっても気どらない宴である。場は盛りあがり、自然と昔話になった。

「体育祭の応援合戦が、本当に嫌いでさ」

「お前、数学のテストでカンニングしてただろ」

「保健の先生、テニス部の顧問とつきあってたんだぜ」

と、各々が思い出を披露するなか——ひとりがおもむろに「そういや……あの絵って
キモかったよな」と呟いた。

「目がぐちゃぐちゃのモナリザ。なんであんなグロいものを授業で見せたのかね」

自分以外にあの絵画を憶えている人間がいた——息を呑む多々井さんの前で、今度は

別な同級生が「でもさ」と、ためらいがちに口を開いた。

「変な目で見ないでほしいんだけど……いまのモナリザ、違くね？」

思わず「そうだよな」と声をあげて立ちあがる。

「だよな、絶対違うよな。ずっと疑問だったんだよ」

その後――それぞれの証言をまとめていくなかで、以下の事実が判明した。

美術の授業を受けた全員が〈三つ目のモナリザ〉を記憶していること。ただし「肌が腐ったような紫色をしていた」「その絵だけ白黒コピーだった」など人によって認識に微妙な差異があること。〈いまのモナリザ〉になったのは、どうやら三年生の夏らしいということ（これは美大を受験した同級生の「専門書のモナリザが九月に突然変わっていた」とのひとことで発覚したそうだ）。

けれども、判ったのはそこまで。

当然ながら、それ以上は探りようがなかった。

「……去年も同窓会を開くはずだったんですけどコロナで中止になっちゃって。だからモナリザの謎は、いまもって進展がないんです」

無念そうに漏らしてから、多々井さんがこちらへ手を差しだしてくる。

「仮に錯覚だったとしても構いません。どうか、長年の疑問を解消してもらえませんか。あの秘密が解けないと、自分が別の世界にいるような不安が拭えないんです」

「……わかりました。どこまでできるかは判りませんが、やってみましょう」

彼の握手に応じ、私は調査の継続を約束した。

そこで、読者のみなさんにお願いしたい。

もし、この本を読んで「自分も〈三つ目のモナリザ〉を見た記憶がある」という方がいらっしゃれば、ぜひとも編集部まで連絡をいただきたい。

その際は、かならず取材に伺うつもりだ。


最後に。

発端である美術教師に訊ねてみれば良いではないか——読者諸兄姉のなかには、そう思った方もいるはずだ。当然、私も同様の提案を多々井さんにぶつけている。

しかし、それは残念ながら無理なのだという。

くだんの美術教師は、彼らが三年生の夏休みに事故死しているからだ。

# わらわら

「先に言っておきますけど、変な話ですから。笑わないでくださいね」

そう前置きして、蛍子さんが体験談をふたつ教えてくれた。


週末——溜まった家族の衣類を、みなが留守のうちに洗濯しようと決意した。

洗濯槽にシャツや下着を詰めこみ、洗剤を入れて蓋《ふた》を閉める。

運転スイッチを押し、その場を離れた。

ソファでスマホを見ながら寛《くつろ》いでいると、洗濯機のあたりで妙な音がする。

すこし前から異音がしていたけれど、今日はとりわけ喧《やかま》しい。

ポケットに鍵でも入れっぱなしだったのか。それともいよいよ壊れたのか。予想外の出費を覚悟しつつ、上蓋の小窓を覗く。

渦のまんなかで、知らない顔がぐるぐると回転していた。

髪も皮膚も目も黄緑の男だった。大人の顔なのに、ひとまわりちいさかった。

渦が水流の向きを変えるたび、男は口を半月のようにぱっかり開けて笑った。

そのさまがあんまり愉しそうなもので、思わず自分も笑ってしまった。

それから、逃げた。

コンビニで袋入りの塩を買って戻ると、すでに洗濯機は停まっていたという。


ある夜——夕食を終え、風呂を沸かすことにした。

夫は帰りが遅い。帰宅する前に、ふたりの子を早く寝かしつけてしまいたかった。

お湯が溜まったと人工音声が告げる。けれども遊びに夢中なのか、いつまで待っても子供らが二階から降りてくる気配はない。

頭にきて、階段のいちばん下から子供部屋に向かって叫んだ。

「こら、さっさと入りなさい」

「わかった、はいります」

返事が風呂場で聞こえた。

歌うような女児の声だった。蛍子さんの子供は長男と次男である。

あんまり驚いたもので、その場でしばらく笑ってしまった。

そんな母を見て息子たちも怯え、結局その日は誰も風呂に入らなかった。

帰宅後、夫に確認してもらうと、脱衣所にあるはずのバスタオルが浴室に落ちていた。

タオルは茶色い水でじぶじぶに濡れており、ヨーグルトのようなにおいがしたという。


「あ」

話を終えて帰りかけた蛍子さんが、ふいに笑う。

なにか思いだしたのか。それともいま、なにかを視たのか——聞かずにおいた。

# 奇録、あるいは危録

取材ノートやメモ帳に走り書きをした話者不詳・意味不明の記録を、これまで「忌録」「鬼録」の題で自著に収録している。いずれも詳細のおぼつかない話だが、読者からは「歪《いびつ》さが逆に怖い」と予想外の反応があって、たいそう驚いた憶えがある。

とはいえ偶然の産物であり、好評を博したからとほいほい書けるような代物ではない。めぼしい逸話はあらかた綴ってしまったこともあり、本作では見送るつもりだった。

ところが今春、コロナ禍の余暇に大掃除をしていた際、失くしたとばかり思っていた取材ノートが紙束の山から三冊発掘された。いずれのノートも使いきる前に行方不明となったもので、ためしに開いてみれば十数話が記されている。

これは「書け」という意味かな——そのように受けとるのは、お化け屋の性だ。

そんな次第で、三冊のノートからいくつかを抜粋してみた。きれぎれの話ならではの不気味さを読者と共有できたなら、取材者冥利に尽きるというものである。

先述のとおり殴り書きゆえ、各所に欠損が見られる点をなにとぞご容赦願いたい。


四十代女性、[redacted]市（本人希望で伏せる——との但し書きあり）。

祖母の葬儀で起こった話。

最期のお別れで棺の蓋を閉めるとき、孫（私の三女）が騒ぎだした。見ると、祖母の手の甲に桜の花びらが一枚だけ乗っていた。春が好きな人だったからだと思う。

十一月の出来事。


男性、年齢などの記載なし。

自宅の向かいに二階建ての空き家がある。もう十年以上誰も住んでいない。

外装がきれいなので無人だとは思わないらしく、たまに訪問販売がその家のインターホンを鳴らしている。その後、なにか話す声がときおり聞こえる。

一度だけ好奇心で縁側から覗いてみた。訪問販売の人は閉じたままの玄関に向かって話していたが、その真上にあたる二階の部屋をせわしなく移動する影が見えた。

窓が磨りガラスだったので男女などはわからない。身体がとても細く、頭は[redacted]のように丸かった（[redacted]部分、滲んで読めず）。


ヌマハラさん、五十二歳。

学生時代に住んでいたアパートにはお化けが出た。右半分だけの大きなお地蔵さんで、四畳間の片隅にいつのまにか立っている。断面には軽石のような細かい孔《あな》がぶつぶつと空いていた。地蔵が身体を揺するたび、その孔が呼吸しているみたいに大きくなったり小さくなったりする。お化けそのものより動く断面を見るのが気持ち悪かった。

大家に教えたところ、非常に心配してくれて[redacted]（有名な古刹。名は伏す）まで参拝に行ってくれたが、帰りに交通事故で死んでしまった。以来、地蔵も出なくなった。

いま思えば大家の[redacted]（ボールペンのインクが掠《かす》れており、判読不能）

二十代男性、[redacted]専門学校のときの話。

夜中、アパートへ帰りしなに彼女とビデオ通話で話していた。スマホを手に、画面を自分に向けたまま喋るスタイル。歩きスマホができるので、同年代はみんなこの方式で電話を使っていると思う。

国道沿いを歩いている途中、[redacted]（チェーン店。名は伏す）脇のガードレールに花束とお菓子の箱を見つけた。「ここで誰かが死んだみたい」と実況しながらスマホのレンズを花束に向けると、彼女が「やめてよ」と嫌がった。

その反応が面白く、スマホをさらにガードレールへ近づけたとたん「やめろって」と、音が割れるほどの声で怒鳴られてしまった。

「そんなに怒らなくてよくない？」と彼女に言ったら「私じゃないよ」と返された。

「あんたが〝ここで〟と言った瞬間に画面が暗くなって音も聞こえなくなったんだけど。通信が切れたっぽくなかった。レンズを手で塞《ふさ》いだみたいな感じだった」

本気の顔で言うから怖くなり[redacted]まで戻って拝むことにした。「かけなおす」と通話を切ったら、画面の通話時間が〈○○分○○秒〉とありえない表示[redacted]
（このあと数字の羅列が二行続く。数の意味は不明）

三十代、通信機器社員。

高校のときから拓本が趣味。おかげで「変なやつだ」とイジられた。

拓本は一種のコピー。石碑に紙を密着させ、その上から墨を含んだ短穂《たんぽ》という道具で

叩いて文字を転写する。紙の濡らす具合やハケの使い方など奥が深い。

三年前、[redacted]にある首塚の拓本を打ったが、その夜から一家全員の頭痛が止まらなくなった。

いまもずっと痛むので、家族は「拓本を供養しろ」と言うがそのつもりはない。

ほかに[redacted]（漢字二文字。判読不能）の碑では彫られていない文字が拓本に浮かんだ。

実はこっちが頭痛の原因だと思っている。貴重なので処分する気はない。

（男女や年齢などの記載なし）

中国語教室に通っているのは、幽霊の言うことが判るようになりたいから。

二十歳くらいから年に一、二回ずつ見ている。黄色い服を着た農民みたいな男の人で、

中国語らしき言葉を話している。毎回「わからないです」と謝るけど許してくれない。

祖父が満州にいたころ、あの人になにかしたのだと思う。

[redacted]さん、[redacted]（名前と居住地を上から塗りつぶしている）
お祭り／屋台でお面を買った／お父さんにそっくりだったので驚いて買った／ほかのお面はアニメやロボットなのに、そのお面だけリアルだった
帰ったらお父さんの顔が知らない人になっていた／一緒にいた妹もびっくりしていた
いまはその顔で良かったなと思う
理由は、ねめらぐるから（原文ママ）
お面はまだある
姪っ子がもうすぐ生まれるのでプレゼントする予定

わらいざ[redacted]ルだめダ
（二〇一五年前後に使用していたノートの、最終ページに書かれていた言葉。ちなみに私は「嗤い猿」と題した怪談を自著に掲載しているが、取材したのは二〇一八年である。このノートを使用していた時期には、話そのものを知らない）

# 最恐スポット

「この世でいちばんの心霊スポットってどこだと思う？」

いきなり訊ねられて、宮口くんは返答に窮した。

質問を投げてきたのは、二時間前に対面したばかりの女性である。

出会い系アプリで意気投合し「まずはいっぺん飲もうよ」と誘ったのだが、どうやら〈そっち系〉に傾倒しているらしく、挨拶もそこそこに「幼いころから視えるよ」だの「この店にもウヨウヨいるね」だのと色気のない話ばかり繰りかえしたあげく、冒頭の問いを口にしたのである。

「いちばんの心霊スポットかあ……わかった、なんとかの滝だ。ほら、修学旅行とかでよく行くやつ。どう？　当たってる？」

宮口くんの回答に、女性が無言で首を振る。

「いや、けっこう難しいなあ……」

腕組みをして真剣に悩む素振りを見せつつ、話題が変わるのをじっと待つ。けれども彼女はこちらをじっと見つめ、かすかな笑みを湛えるだけだった。

「降参、降参。答えを教えてよ」

苛立ちをおくびにも出さず、宮口さんは懇願した。

「しょうがないな。正解は……三角コーナー」

「さんかく……って、台所の流しに置く、残飯を捨てるアレ？」

ようやく運ばれてきた生ビールをひとくち飲み、女性が「ピンポン」と言った。

「食べ残しって、いわば動物や魚の死骸でしょ。水場にはもともと〈そういうモノ〉が集まりやすいの。そこに死体の山だもの、ハゲタカに生肉あげるみたいなもんよ」

へえ——と漏らす。それ以外に答えようがない。女性への興味は、とうに失せていた。

内心を見透かしたように、彼女が彼の目をまっすぐ見つめる。

「嘘だと思うなら、三角コーナーに塩まいてみるといいよ。本当かどうか判るから」

ふらつく足でアパートへ戻ったのは、午前一時すぎ。

結局、女性とはビールを二杯飲んですぐに解散となり、宮口さんはひとりで角打《かくう》ちの店に入った。鯨飲《げいいん》する気はなかったのだが、一杯ごとに先ほどの遣りとりがよみがえり、怒りにまかせて終電まで飲んでしまったのだという。

ちくしょう、あのスピリチュアル女の所為で深酒しちまったじゃねえか。

虚空に悪態をつきながら、酔いを醒まそうとキッチンの蛇口を捻《ひね》る。コップに注いだ水を半分ほど飲みほし、残りを捨てようとして——三角コーナーに目が留まった。

彼女の顔が脳裏に浮かび、怒りが再燃していく。

なにが最強の心霊スポットだよ。ただのゴミ溜めだっての。

衝動的に卓上塩の瓶をつかむと、卵の殻やホッケの骨であふれている三角コーナーへ、ばさばさと振っていく。残飯の山が濡れていた所為か、白い粒はあっというまに溶けて見えなくなった。

「ざまあみろ」

なにに対しての言葉か自分でも判らぬまま、吐き捨てる。

とたん——三角コーナーの輪郭が、むるむるっ、と溶けた。

宮口くんの見ている前で、丸みを帯びたきれいな三角形が波打つ菱形に変わっていく。

さながら、耐熱性ではない容器を電子レンジに入れてしまったような溶けかただった。

予想だにしない現象に固まっているうち、今度は水音が聞こえはじめた。

三角コーナーの底に開いた穴から、茶とも深緑ともつかぬ色の水が排水溝へと流れていく。水流はいっかな止まる気配がない。ひどく濁った色なのに、汚水からは菊の花のようなにおいがしたという。

一分ほど経ってようやく流れが止む。同時に背後の玄関で、ぱた、とドアが閉まった。

誰かがそっと出ていった――そんな気配の音であったそうだ。

数日後、なんとなく例の女性に連絡を取ると、

〈でしょ。店で見たときからあんたの背中にいたもん〉

絵文字ひとつない返信が一行だけ送られてきた。

# 朱夏記

今年の夏は、山形県内のイベントやメディアへの出演がとりわけ多かった。

疫禍なのにお化けどころじゃないだろう――と思うのは、どうやら素人考えらしい。

地域振興を手がける知人によれば、県外へ赴く機会が減った反動で地元のあれこれを見なおす動きが高まっており、その一環で〈地域の怪談〉も注目されているのだという。

おかげで柄にもなく慌ただしかったのだが、振りかえってみれば取材や収録のたび、なにかしら細《ささ》やかな事象が起きていた憶えがある。

折角の機会であるから、ひと夏の思い出として此処に書き留めておきたい。

七月某日

地方新聞の取材に同行し、県内某所にある寺を訪問。所蔵の幽霊画を拝観する。
幽霊画はなかなか迫力を帯びた、目に生気すら感じられる一幅であった。
撮影と住職のインタビューを終えて寺を辞去するころには、すでに昼を過ぎていた。
担当記者から「どうせだから昼飯を食べていこう」と提案され、蕎麦《そば》屋に入る。
テーブルで注文を待っていると、まもなく店員がお冷やを三人ぶん運んできた。
座っているのは私と記者のふたり。あまりの展開に顔を見あわせて笑いだす。
「この出来事、記事に入れましょうか」
気色ばむ記者に苦笑しつつ「さすがにベタすぎるでしょ」と答える。
日中でもあり、さして怖気を感じるでもなくその場は終わった。

八月某日
幽霊画の取材から一週間が過ぎた。
その間、ファミレスを二回、牛丼チェーン店を一回、ラーメン屋を一回利用している。
いずれも独りでの食事だったが、お冷やは毎回きっちりふたつ運ばれてきた。
まだ近くに居るのかな——と、思う。

八月某日

H市で定期的に開催している怪談イベントの事前調査で、S峠のトンネルを訪問。

S峠のトンネルは宮城との県境に位置しており、「子供連れの女幽霊を乗せた」との話が頻繁に報告されている。もっとも、幽霊の目撃談が寄せられるのは昭和中期に開通した新トンネルで、今回訪れるのはそれ以前に使用されていた旧《ふる》い隧道《ずいどう》である。

地元の男性に軽トラックで先導されながら、山道を車で進むことおよそ三十分。萌えるような緑がひらけた先に、石造りの隧道が姿をあらわした。

全長およそ三百メートル。明治十五年完成というから実に百四十年前の建造物である。周囲の鬱蒼《うっそう》とした景色もあいまって、さながら古代遺跡のような趣《おもむ》きさえ感じられる。近代化産業遺産に指定されているというのもおおいに頷けた。

案内してくれた男性によれば、この隧道を掘る際に工事用火薬が爆発し、二十三名が亡くなったのだという。坑夫として駆りだされたのは地元の村民で、死亡者のなかには妊婦もいたとの話だった。もしかしたら、その悲劇が有名な「タクシー幽霊」あたりと混ざりあって、新トンネルの幽霊譚が誕生したのだろうか。

現在は山形・宮城双方の入り口に柵がほどこされ、内部への侵入はかなわなかった。山形側は木製の格子だが、宮城側は鉄の檻で厳重に封じられているのだと男性が教えてくれた。なぜか、新トンネルも幽霊の報告は宮城側に多いらしい。

格子の隙間から内部を覗く。立っているだけで汗が滲むほどの暑さだというのに、隧道から吹く風はひんやりと肌寒かった。

冷風を顔に浴びながら観察していると、はるか前方に点ほどの白い光があった。宮城側の入り口だろうか。ぼんやり眺めるうち、その白光がストロボよろしく点滅していることに気がつく。光源の手前でなにかがすばやく動いているように見えたが、なにせ三百メートルも先なので、どれほど目を凝らしても正体は判らない。風に揺れている枝葉か、あるいは野生動物か。それとも——。

私はそこで考えるのを止めた。これ以上、詮索しないほうがよい気がした。

地元の方に礼を述べて下山し、S峠のドライブインで小休止する。平日の夕方という時間帯もあってか、私のほかに客はいない。

アイスコーヒーを飲みながら、なにげなくポケットへ手を突っこむなり——青ざめた。入れていたはずのスマホがない。

隧道で落としたのだろうか。だとしても、いまから案内役もなしに戻るのは無茶だ。明日にでも単独行すべきか、それとも諦めて紛失手続きに奔走しようか。逡巡しつつ、ひとまず車に戻ろうと駐車場を進む。

直後、メールの着信通知に設定しているメロディーが聞こえた。

慌ててあたりを右往左往する。まもなく、見なれた色の物体が駐車場の片隅に見えた。小走りで近づいてみれば、まごうことなき自分のスマホである。

安堵してから——ふと、疑問が湧く。車を降りて、私はドライブインへまっすぐ向かったはずだ。スマホの落ちていた位置には足を向けていない。

では、なぜこのような場所にあったのか。そもそも、此処はなんだ。

数歩下がってたしかめると、スマホが置かれていたのは巨大な石碑の台座だった。

碑には《S新道開鑿殉難之碑》と刻まれている。

旧隧道の爆発事故で死んだ妊婦と胎児を悼《いた》む、慰霊碑だった。

八月某日

タウン誌の〈地域に残る七不思議探訪〉なる企画で、K市の某地区へ赴く。

子供を産む化け石や、慈覚大師《じかくだいし》が忘れた杖から芽吹いた栗の木など、興味深い伝承の多い地区である。しかし、七不思議の探索には難渋した。記録こそ残っているものの、名跡というわけではないから容易に場所が特定できないのだ。

それとなくあたりをつけながら地区を彷徨《うろつ》くうちに、山あいの小学校へ辿りついた。がらんとした校庭。色褪せた遊具。プールの水は緑に濁り、落葉が水面を占領している。

と、唐突にカメラマンが「このご時世じゃ合唱の練習も大変ですね」と言った。

彼いわく、ふいに校舎から子供の歌声が聞こえたのだという。そのコーラスがやけにかぼそいので「感染対策に大声を控えているのだろうな」と思ったらしい。

私は歌など耳にした憶えはなかったが、なにも言わず黙っていた。たまさか聞きそびれた可能性もあるし、いたずらに怖がらせるのもどうかと考えたからだ。

帰り際――地区の住民と話していたおり、あの学校がすでに廃校であることを知った。そのときカメラマンは離れた場所で撮影していたため、いまでもこの事実を知らない。

八月某日

午後八時、地元のＦＭラジオ局が制作した怪談番組の放送に立ち会う。

二時間の生放送に、事前収録したラジオドラマ数話が挟まるという構成である。私はドラマの幕間にアナウンサーと掛けあいをする役で、スタジオに入っていた。

滞りなく放送は進み、まもなくラスト十数分を残すのみとなった。地元企業のCMが流れ、スタジオの空気がわずかに緩《ゆる》む。このCMが終われば、あとは大トリのドラマとスタジオトークで、つつがなく番組はエンディングを迎えるはずだった。

と――いきなり、聴きなれぬ音楽が流れはじめる。

どうやら、フランク・シナトラの「マイ・ウェイ」をピアノで演奏したもののようだ。CMかと思ったが、そのわりにはいつまで経ってもナレーションの類が入らない。

へえ、最近はこういう斬新なCMもあるんだな――感心している私の横で、いきなりディレクターが「なんで」と叫んだ。

「どうしたんですか」

呑気に訊ねる私へ、ディレクターは青い顔で「ありえないんですよ」と答えた。

彼によるとこの音楽は〈無音状態〉が続いた際、自動的に流れるバックアップで、今回のような通常の放送時に流れることは基本的にないのだという。

「通常の……って、じゃあどんな場合に流れるんですか」

「たとえば、災害とかスタジオで突発的な事故が発生した場合とか……つまり、番組が〈死んだ〉ときです」
結局、一分ほど「マイ・ウェイ」が流れてから放送は無事に復旧し、私はなにごともなかったかのようにスタジオでお喋りを続けた。
放送を終え、帰りぎわに再度訊ねたものの、やはり理由は不明との答えだった。

八月某日
先日の一件が気になり、「マイ・ウェイ」について調べる。
同曲の歌詞は「まもなく死を迎える男性が、自分の人生を振りかえる」という内容で、ガーディアン紙によれば、英国では葬儀の際にもっとも多く使われる曲なのだという。
そういえば、放送日はお盆のさなかであったと気づく。

八月某日
地元テレビ局のロケハンで「座敷わらしが出る」と評判の古民家料亭へ赴く。

私が出演するローカル番組の撮影で「この場所を使おうか」という案が出ていたため、旧知の女性プロデューサーと視察に訪れたのである。

にこやかな女将《おかみ》の案内で、広々とした家屋を奥へ奥へと進む。

辿りついた六畳ほどの和室には、子供の着物や玩具がところせましと並べられていた。聞けば、この部屋でいるはずのない女児を見たという客が絶えず、いつしか部屋全体を祀《まつ》るようになったのだそうだ。

プロデューサーはすっかり信じているが、私は半信半疑だった。

これまでも私は、同様の謂《いわ》れを持つ旅館や民家をいくつか訪ねている。しかし、その多くは「目撃されたモノは座敷わらしだ」とする根拠に乏しかった。正直にいうなら、商業的な思惑が透けて見えた。ゆえに、今回もそうではないかと疑っていたのである。

とはいえ無下に否定するのも大人げないから、女将の解説に耳を傾け、相槌を打つ。ひとくさり話して満足したのか、まもなく女将は仕込みのために厨房へ去っていった。

背中がすっかり見えなくなったところで、プロデューサーと撮影の相談をする。「どこにキャメラを置くか」「いくつ照明を焚こうか」などと打ちあわせていた矢先、いきなり彼女が「ちょっと……」と、私の背後——奥の間を指した。

壁に掛けられた真っ赤な着物が、ゆうら、ゆうら、振り子のように揺れている。風など吹いていないように思えたが、人間では感知できないほどの微風で揺れている可能性も否めない。真偽をたしかめようと着物を睨みつけるうち、今度は反対側の壁、障子戸の向こうで、てててて——と、軽やかな足音が聞こえた。

プロデューサーが「子供……だったよね」と訊ねてくる。返事をするかわりに慌てて女将を呼び戻し、障子の向こうになにがあるかを問うた。

女将はすこし躊躇《ちゅうちょ》してから、

「散らかってるもんで、恥ずかしいんだがの」

そう言って、障子に手をかけた。

がらりと開けた先には、お膳や古い椅子などが山と積まれている。人の歩く余地など微塵《みじん》もなかった。

疑ったお詫びに、たまたま持参していた飴《あめ》を供えておく。

八月某日
ロケハン翌日、番組プロデューサーより電話。

料亭で別れてテレビ局へ帰る途中、愛車が突然故障したのだという。

「いきなり警告アラームが鳴って〝緊急停止してください〟って人工音声が流れたの。慌てて路肩に停めたんだけど、特に異常は見あたらなくて。すぐにその足でディーラーまで持っていったら、やっぱりどこも壊れてないと言われちゃったのよ」

お祓いしようと乞う彼女を「偶然です」と笑っていなし、電話を切る。

おなじころ、私の車も触れていないクラクションが鳴ったことは言わずにおいた。

八月某日
古民家料亭にて番組収録。

私の役割は、業界用語で「前枠」「後枠」と呼ばれる部分、いわゆるオープニングとエンディングの語り手である。

私のほかには例のプロデューサーと中堅ディレクター、カメラマンとアシスタントディレクターの計五名で、昼過ぎから撮影に臨んだ。

正面のレンズを睨んで話す場面を数カット撮り終える。

と、カメラマンから「似たアングルだと編集で繋《つな》ぎにくい」との意見が出て、今度は私の斜め脇にカメラを据えた。

ディレクターの声で、再び撮影がスタート。

と――語りはじめてまもなく、視界の端でなにかが動いた。

カメラマンの背後に誰かが立っており、コンサートのヘッドバンギングよろしく頭を揺らしている。髪の長さから鑑《かんが》みるに人影はプロデューサーのように思えた。

「NGの合図かな」などと考えていた所為で言いよどみ、撮影が中断してしまう。

スタッフに詫びながらカメラの方角を見ると、誰もいなかった。

プロデューサーは、まったく別な場所に立っている。

そのときは「見間違いかなあ」と笑い話で済ませたが、いま思えばあの人影の動きは赤い着物の揺れかたによく似ていた。

子供だとばかり思っていたが――そうではないのかもしれない。

# 今日からあれが

九月某日

深夜、怪談作家の小田イ輔氏から電話をもらう。

いまや押しも押されもせぬ人気作家の小田氏だが、私とは大学の先輩後輩でもある。思えば昔から変わった人物で、奇妙な事件や人物を引き寄せるきらいがあった。まさか同業になるとは予想もしなかったが、必然であったのかもしれない。

「一泊二日の旅行につきあってもらえませんか」

近況を報告するより早く、小田氏はそのように告げた。なんでも、東北のとある町に奇妙な体験をした男性——つまりは怪談の取材対象者がいるのだという。

彼いわく、男性を紹介してくれた知人から「じかに会って話を聞き、ついでに貸しているる荷物を引き取ってきてくれ」と頼まれている。けれどもなにせ地の利がない場所のこと、単独行では心許ない。そこで勝手知ったる私に同行二人を持ちかけたわけだ。

「あの町は母親の生まれ故郷だからそれなりに土地勘はあるよ。ほかならぬ君の頼みとあっては、断るわけにもいくまい。どれ、久々に行ってみるか」

面倒見の良い先輩を演じつつ、私は内心で算盤《そろばん》をはじいていた。

前述のとおり、小田氏は怪しいモノを呼ぶ質《たち》ときている。彼と一緒なら変わった話を蒐集できるかもしれない──そんな下心もあって、私は珍道中を快諾したのである。

そんなわけで、まずはくだんの男性の体験談を以下に紹介したい。

むろん、小田氏も近刊でおなじ話を記す予定だと聞いている。書き手によって怪談がどのように変容するか、見比べてもらうのも一興かもしれない。


肥後さんという男性が、小学校にあがってまもなくの出来事だという。

当時の彼はたいそうイタズラ好きで、ことあるごとに叱られていた。母や先生に拳骨を食らわない日はなかったというから、いやはや筋金入りのわんぱくである。

しかし、父だけは怒鳴ることも暴力をふるうこともなかった。

そのかわり──毎回おなじ科白で彼を諌《いさ》めたのだという。

「そんなに悪い子は、●●さまに渡すぞ」

「そんなことをしていると、●●さまにお願いするぞ」

黒丸の部分に関しては当の肥後さん自身もまるで憶えていない。ただ、「人攫《ひとさら》い」や「子取り」など、大人が脅かすときの常套句ではなかったようだ。具体的な固有名詞であるのはたしかだが、その後の人生では一度も聞いていない単語らしい。

最初のうちこそ「●●さま」に慄いていた肥後さんだったが、子供というのは総じてしたたかである。次第に父の説教を鼻で笑うようになり、ある日とうとう反論を試みた。

「幽霊もサンタもいないんでしょ。そんなもの、いるワケがないじゃん」

と——無邪気に勝ちほこる息子をじっと見つめていた父が、

「じゃあ、逢《あ》うか」

喉から無理やり押しだすような声で、ひとこと告げた。

肥後さんが怯まず「いいよお」と戯《おど》けてみせる。

その場は、それで終わった。

数日後の深夜——いきなり身体を激しく揺さぶられ、彼は眠りから醒めた。

状況が把握《はあく》できぬまま周囲を見まわすと、父が自分を見下ろしている。真剣な表情だった。従兄弟のケイ君が亡くなった日とおなじ顔をしていた。

「おいで」

戸惑う息子を立たせるなり、父はそのまま手を引いて玄関へ向かった。促《うなが》されるまま靴を履き、ドアを開ける。パジャマの裾から滑りこむ冷気で鳥肌が立った。

見あげた夜空には、満点の星が瞬《またた》いている。こんな時間に起きているという事実に、幼い肥後さんは妙な興奮をおぼえていたという。

と、父が門柱の手前で歩みを止め、数メートル先を指した。

「いいかい。今日からあれが」

道路のまんなかに、山羊《やぎ》を彷彿《ほうふつ》とさせる風体の男が立っていた。

細面の顔には深い皺《しわ》が走り、腰まで伸びた白髪は毛先が稲妻のようにくねり曲がっている。髪とおなじ色をした髭のあいだから、いまにも爆《は》ぜそうな黄色く尖ったニキビがぶつぶつと吹いていた。

容姿もさることながら、男はとにかく臭かった。

黒黴《くろかび》でまだらになった服が臭《にお》っているのか、それとも溜まった垢が発酵しているのか知らないが、腐った牛乳を思いだす悪臭を全身から漂わせている。

異形と異臭に驚きつつ、肥後さんは子供ながらに悩んだ。

もしかして、この人が●●さまなのかな。

でも、どうしてこんな時間にウチへ来たのかな。

答えは出なかった。否——このまま考え続けたら出そうな答えが、怖かった。

思わず後退る息子の背を、背後の父が両手で、とん、と押し戻した。

「今日からあれが、お前のおとうさまだよ」

その言葉へ応えるように、男が黒い歯を見せて「おいでい」と笑った。唇の端が割れ、皮膚の滓《かす》が服にはらはらと落ちていった。

「今日からあれがおとうさまだよ、今日からあれだよ。おとうさま。お前だよお前」

父の発言が崩れていく。背中を押す掌は止まらない。

男に接近するのが恐ろしく「いやだ！」と叫んで父の服に顔を埋めたところまでは、おぼろげに憶えている。気がつくと朝になっており、布団のなかで丸まっていた。

パジャマからは、わずかに饐《す》えたにおいがする。

あのあと、自分は山羊男に抱きかかえられて我が家に戻ったのではないか。

そんな想像に震えたものの、そこは子供のこと。朝食を終えて学校へ行くころには、すでに恐怖が薄らいで——そのうち、彼はすっかりと忘れた。


それから数年ほど経った、ある夜のこと。

高校生の肥後さんは、唐突に〈山羊男〉を思いだした。

テレビで秋田県のナマハゲを報じるニュースを目にした瞬間、泣き叫ぶ子供と当時の自分が重なったのだという。

「ねえ、〝なんとかさま〟っていたじゃん？　あれは躾《しつけ》にしてもヤバすぎでしょ」

風呂からあがったばかりの父に向かい、冗談めかして抗議の声をあげた。

ところが——当の父も、傍《かたわ》らで聞いていた母もきょとんとしている。

そんな人物は知らないというのだ。

「そもそも、あのころ俺は夜勤だったろ。お前が寝てるときは家にいなかったよ」

父の言葉に、母が「ほんと、忙しかったよねえ」と頷く。

言われてみれば、当時の父は朝に疲労困憊《こんぱい》で帰宅していたような記憶がある。

では、あれは夢だったのか。

首を傾げる肥後さんを置き去りに父は寝室へ向かい、母は台所に消えていった。

だから、彼も「夢に違いない」と思うしかなかった——のだが。


山羊男の話を告白した翌週、一本の電話がかかってきた。

たまたま自宅にいた肥後さんが受話器を取るや相手は聞いたことのない苗字を名乗り、「一昨日、お父さまが当院へおいでになられた際、忘れ物がございまして。念のためにお知らせしておきます」と早口で告げ、返事も待たずに切ってしまった。

そのときは「病院にでも行ったのかな」と思ったが、しばらく経って気づいた。

当院というのは、寺のことではないか。

だとすれば父はあのあと、どこかの寺に行ったことになる——けれども、どうして、なんのために。

疑問は数多あったものの、けっきょく肥後さんは父に電話のことを告げなかった。

ゆえに、彼の父が寺へ行った理由も、そもそも本当に寺だったのかも、声の正体も、いまにいたるまで不明のままなのである。

取材の終盤、私は「どうしてお父さんに知らせなかったのですか」と彼に訊ねた。
わずかに言い淀んでから、肥後さんが「だって……」と口を開く。
電話の声は、あの夜聞いた山羊男の「おいでい」に、とても似ていたのだという。

# あの日のひとだま

　肥後さんと別れ、駅前のホテルにチェックインを済ませた私たちは「どうせだから、郷土料理に舌鼓《したつづみ》を打ちたいね」と、さっそく夜の街へ繰りだした。

　けれども駅前は閑散としており、休業の張り紙が目立つ。仕方なく飲み屋街へ足を向けたものの、非常事態宣言の解除直後ゆえか、けっこうな数の店が暖簾《のれん》を下ろしていた。選り好みする余裕はないと悟り、我々は一軒の赤提灯《ちょうちん》へ飛びこんだ。

　モツ煮とサバ味噌でひと心地ついていると、カウンターに座っていた男性がやおら立ちあがり「あんたら、こんな時期に来てくれてありがとね」と握手を求めてきた。どうやら地元の常連客らしく、すでにずいぶん出来あがっている。

　すこし躊躇しながら手を握りかえす。と、間髪を容れずに小田が口を開いた。

「あの、怖い話はないですか」

フィールドワークに明け暮れていた学生時代から、彼が猪突猛進型であったことを思いだす。人懐っこいと言えば聞こえはいいが、要は後先かまわず他人に話しかける癖《へき》の持ち主なのだ。慌てて自分たちの職業を明かし、不思議な体験談の有無を問う。と、訝しげにこちらを観察していた男性が、おもむろにグラスへ焼酎を注いでから「怖いかどうかは判らねえけど……」と前置きし、自身の体験を語りはじめた。

以下は、その男性——四篠さんの話になる。

地元訛りが非常に魅力的であったため、語調を再現する形でお届けしたい。

◇◇◇

まンだ俺が中坊だがら、四十年くれェ前だっけな。

夜中、地区の公民館から「すけでけで」って電話がきての。このあだりの言葉で、「手伝ってけろ」って意味さ。つまり「お前の親父を持って帰れ」ど言われだんだ。

いやはや、ウチの親父ってのが筋金入りの飲んだくれでの。

いつもは無口で愛想もねえくせに、酒が入ったらもうダメなんだ。家族や知りあいはもちろん、初対面でもおかまいなしに絡むわ怒鳴るわ殴るわでよ。ひどいと寝小便まで漏らすんだもの。あれァ、やっぱり病気だったんだべな。

で、その日は地区の寄りあいでよ、親父ァ足腰立だねェほど飲んでしまったんだ。母《かか》っちゃは激怒《ごせやげで》して、俺サ「迎えサ行ってけでや」って泣いでんだ。

まァ行ったよ。親ァ涙流してんだもの、厭《や》んたとも言われねェべ。

しぶしぶ公民館サ行ったら、あんのじょう親父は一升瓶を抱きしめで寝ってあった。起ぎでっと面倒だもの、意識がねェのにホッとしたよ。

で、まわりサ詫びで、酒くさい親父を背負って、真っ暗な道を歩いで――。

泣がさってきたよ。

俺の人生ァどうなるんだべ、ずっとアル中親父の世話ァして、おっ母の涙ァ拭いで、それで終わるんだべが。このまま虚しぐ死ぬんだべが――ってな。

そんなこんなを考えっだら、親父ァ起ぎやがってよ。

こっちの気持ちも知らねェで「おいッ、見でみろッ」って騒ぐんだ。

「うるせえな、何《なじょ》したよ」と背中に言って――直近《まもなぐ》だった。

白くて丸っこい光が、ホワ、ホワって飛んできたんだ。

いンや、蛍《ほたる》でねェ。あんな動きの蛍はねェよ。ほれ、ブンブン飛ぶオモチャあるべ。んだ、ドローンよドローン。あれみでェに早ェぐなったり遅ェぐなったり飛んでんだ。

四十年前だもの、んなモノあるわげねェしな。

もう俺ァ、がっつら魂消《たまげ》でしまって足を止めだのよ。したっけ、親父が――。

「なんだお前《め》ェ、芳《かば》すぐねェ。おだづなよ！」

ん、判んねが。「芳すぐねェ」は生意気、「おだづなよ」は巫山戯《ふざけ》んなって意味だ。

要するに気味悪い光さキレだんだ。まったぐ、とんでもねェ酔っぱらいだべ。

んだら、白いホワホワが停まっての。

目の前のカーブミラーさ、ずるっ、ずるずるずるっ、と吸いこまれだんだ。

「……おっ父《とう》、いまのなんだべ」

俺が訊いだら、親父ァ酒くせェ息で嬉しそうに答えだんだ。

「あれァ〈ひとだまのこども〉だ」

莫迦《ばが》でねェが、人魂に親だの子だのあるわげねェべ――なんて考えだなァ我が家さ帰ってがらよ。そんときは心底おっかねがった。身体ァおっきくても、中学生だもの。

まだ出でくるんでねェがど思って、転びそうになりながら走ったもんな。

家サ着いで、オヤジを布団サを寝かせで、それでようやく落ちついで「あれァなんだべ」って考えだんだ。親父ど違って俺ァ素面《しらふ》だけど、飲んだくれってなァ伝染《うつ》るもんだべが、俺サも伝染ったんだべが――なんて悩んでよ。まあ中坊だ、答えも出ねえで寝だけどな。

判ったなァ、次の日だった。

近所に、ヒロちゃんっていう小学生の女の子がいだのよ。いっつも具合悪《あんべ》ィ子での、入院したってァ聞がさったんだけど――。

その子の家さ葬式の幕張ってんだわ。ンだ、白ど黒の縞模様のアレよ。

見れば、ヒロちゃんの家ァ白いホワホワが飛んであった正面なんだ。

それで、ハッと気づいだ。「親父ァの莫迦め、逆だべや」ど思った。

〈ひとだまのこども〉でねェんだ。

〈こどものひとだま〉なんだ。

で――学校から帰るなり、迎え酒を啜《すす》ってる親父をふたつけだのさ。

「ふたつけだ」は、殴ったって意味だ。もうボゴボゴよ。血まみれよ。

「なにもかも逆だべ」ど思ったんだよ。なんでお前ェが怒って俺が泣いでんだ、そんなの間違ってるだろ。死んだ子の人魂に怒鳴るような大人サ好き勝手させる人生だの、もう御免だと思ったんだよ。

そっから親父ァ大人しぐなって。俺ァ一家の大黒柱になって——なのによ、気づけば親父どおんなじ飲んだくれだもの、ははは。

あの日の〈ひとだま〉がいまの俺ァ見だら、笑うべが。怒るべが。

# 昨日のあれは

ビジネスホテルに帰ってきたのは、まもなく日が変わる時刻だった。

小田氏は「もうすこし部屋で飲みますか」と誘ってくれたが、さすがに疲れたので申し出を断り、自室にそそくさと戻る。入浴すら煩《わずら》わしく、ズボンを脱いで下着姿でベッドへ大の字になると、ひさしぶりに飲んだ所為か、すぐさま睡魔に襲われた。


ぼそぼそ、ぼそぼそ。

誰かの声で目が醒めた。寝ぼけまなこで室内を眺めると——昏《くら》い。

電気を消した記憶はない。

どういうことだろう。闇のなかで考えるうち、再び声が耳に届く。

「ささきさん、ささきさんのひとでしょ」

くぐもった声である。たとえるならば、壁に唇を密着させて喋っているような声音。だとすれば隣の客か。そして、隣室に泊まっているのは——小田氏だ。

瞬間、するりと謎が解けた。

声の正体は彼で間違いなかろう。飲み足りずに私へ呼びかけているのか、それとも、したたかに酔って前後不覚となっているのか。あるいは持ち前のサービス精神で私を驚かせようとしているのかもしれない。

いずれにせよ、反応するつもりはなかった。怖気《おぞけ》より眠気がまさっていた。

それにしても佐々木って誰だよ——虚空に問い、私は再び眠りに落ちていった。


「昨夜のあれはなんだい？」

朝食バイキングの席で訊ねると、小田氏は山盛りの野菜サラダを頬張りながら「えっ、なにがです？」と逆に訊きかえしてきた。表情から察するに惚《とぼ》けている様子はない。なるほど、酔いどれて記憶がないのだろう。ならば問うても詮無いことだなと、私は曖昧に答えて話題を変えた。

と、このようにちぐはぐな遣り取りで旅は終わった——のだけれど。

山形へ戻る電車のなか、ふいに私はある事実を思いだし「あ」と声を漏らした。
あの声との関係は判然としないが、念のために記しておきたいと思う。

私の母の旧姓は佐々木なのである。

# いちどきり

「人生でたった一度だけ、変なことがあって」

このひとことで取材がはじまったとき、私は内心でガッツポーズをする。

怪談にさして興味がなく、ともすればその手の話を鼻で笑い飛ばすような人物が、「どうにも忘れがたくて」と漏らす出来事は、なんとも滋味深い逸話が多いのだ。

人生という布地にたったひとしずく、わずかに染みた薄墨。目を凝らさなくては見えないけれど、けっして消えることはない灰色。それが「いちどきりの怪談」だ。

そんな〈一滴の薄墨〉から、印象的なものを選り集めてみた。

◆

◆

◆

沼さん親子が数年前、日本海のとある島へ行ったときの話。

母娘水入らずの旅は遠縁にあたる親戚の墓参りも兼ねていた。「長らく放置している墓を掃除してほしい」と、大叔父に頼まれていたのである。

諒解したものの、当の親戚とは一度も会ったことがなく、顔も知らぬとあって実感が湧かない。墓所の隣には檀那寺があるとの話だったが、住職から故人の思い出など訊かれても困ってしまう。

寺には立ち寄らず、線香を手向けて早々に退散しようと決めていた。

「でも……あんまり邪険にしたら、怨んで夜中に出てくるんじゃない？」

低い声で脅かす娘を、母が笑った。

「それこそ逆恨みでしょ。どうせ出るなら〝墓参りに来てくれてありがとう〟とお礼を言ってもらわなきゃ」

そんな会話を交わしながら長い石段をのぼり、ようやっと境内《けいだい》にたどりついた。

ふと見れば、古びた本堂の前に中年の女性が立っている。

女性は母娘に目を留めるや「あら、暑いなかをご苦労さまです」と一礼した。慌ててこちらもお辞儀を返すなり、女性が寺務所の方角へ去っていく。

それで、どうやら住職の奥さんらしいと判った。

姿が見えなくなったと同時に、母親が沼さんを肘で小突く。

「ちょっと、どうする」

寺の人間に目撃されたとあっては、挨拶せずに帰るのもなんだか気まずい。

幸い、旅行鞄には土産のつもりで買った菓子折が入っている。先ずは、これを渡して墓守の礼を告げようと話がまとまった。

女性を追いかけて寺務所へと向かう。

造りを見るに、自宅も兼ねているらしかった。呼び鈴の類は見あたらない。やむなく母が「ごめんください」と引き戸に手をかけた。

からからと開けた先を見るなり、息をのむ。

室内は荒れ放題だった。寂《さび》れて、廃れて、壊れていた。

下駄箱は網のような蜘蛛の巣に覆《おお》われ、正面の廊下には分厚い埃が積もっている。

破れた障子、枯れた観葉植物。中庭に面した窓のカーテンはずたりと裂けていた。

どう考えても人が住めるありさまではない。

ならば——先ほどの女性は。

「……あんたがさっき、あんなこと言うから」

「なによ、〝お礼を言いに出てこい〟って言ったのはお母さんでしょ」

小声で揉めているさなか、廊下の奥から影だけが凄まじい速さで近づいてきた。

ふたりで先を争いながら、一目散に石段を駆けおりたという。

その夜——宿の主人が、そっと教えてくれた。

「あそこは去年、住職も奥さんも亡くなったんです」

どちらかが先に死んだのか、それとも一緒に逝ったのかはさすがに聞けなかった。

幽霊らしきものを明瞭《はっき》り視たのは、母も娘もその一度きりである。

◆　◆　◆

タクシー運転手の水巻さんが、昨年暮れにこんな体験をしている。

営業所から自宅までの帰りしな、彼は夜道で足を滑らせた。雪が積もっていないのに油断し、日陰の凍結した路面に気づかなかったのである。

バク宙を失敗したような体勢で全身がふわりと浮き、アスファルトに叩きつけられた。衝撃と激痛に呼吸が止まる。頭も打ったらしく、視界の焦点が定まらない。

仰向けのまま、声も出せずに悶絶しながら、水巻さんは考えを巡らせていた。

まずいな、骨折でもしていたら仕事に穴が空くぞ。いや、その前にこのまま寝てたら轢《ひ》かれちまう。さて、これは労災になるのだろうか――。

と、こちらを覗きこむ気配に気づいて思考が止まった。

深夜で誰もいないと思っていたが、まさか失態を人に見られていたとは。

「あ……すいません。大丈夫です」

気恥ずかしさのあまり、とっさに弁解しながら目を開ける。

「え」

彼を見ていたのは、人ではなかった。

人っぽいが、絶対に人ではなかった。

例えるなら〈子供大の日本人形を無理やり縦に引き伸ばしたようなモノ〉だった。

先端が尖ったおかっぱ頭と菱形の顔、楕円形の目にアーモンドそっくりな唇。着物はあまりに歪《ゆが》んでいるため、なんの模様か判別できなかった。

〈縦長〉は倒れる水巻さんをじいっと見おろしていたが、まもなく抑揚の失せた調子で「まだかあ、まだだあ」と、ひとりで問答するや視界の外にすすすと消えてしまった。

うっかり渋柿《しぶがき》を齧《かじ》ったような、悔しさの滲んだ声であったという。


翌日——病院で検査を受けると、幸いにも脳に異常は見られなかった。

安堵する水巻さんに、医師が「打撲だけでラッキーでしたね」と告げる。

「この時期は、転倒時の脳挫傷で亡くなる人も多いんですよ」

その言葉に「あのとき〈アレ〉は自分が死ぬのを期待していたのだ」と悟った。

「頭を打った所為で幻を見た……そう思いたいんですが、あの声が忘れられなくて」

幸い、妙な目に遭ったのはあの一度だけ。

けれども、まもなく冬が来る。それがすこしだけ怖いという。

◆　◆　◆

その日、美彌子さんは自室でテレワークに勤しんでいた。

ワンルームの六畳間で、ひとり黙々とキーボードを叩く。

息抜きに音楽でも流したいところだったが、ノートパソコンは会社の備品で、ネットの閲覧や動画サイトの再生は禁止されている。仕方なく彼女はテレビを点け、音量をゼロにしていたのだという。

昼休憩が終わってまもなくだったと記憶している。

ふと視界の隅に違和感をおぼえ、なにげなくテレビへ視線を移した。

芸能人がスタジオで時事ニュースを討論する番組——の様子がおかしい。

どんどん色が褪せ、画面が暗くなっていく。

以前、放送事故がSNSでバズっていたことを思いだす。もしや、これもそういったトラブルの類なのだろうか。またとない機会だとしたら、投稿しておくべきか。

慌ててスマホを握りしめ、膝立ちでテレビまで近づく。カメラアプリを起動させて、レンズを向けた瞬間——よく知る顔が大写しになった。

おかあさんだった。

実家にいるはずの母親が画面いっぱいに浮かんでから、ぷつんと消えた。

いつのまにか画面はいつもの番組に戻っている。芸能ニュースで口論するタレントを眺めながら、美彌子さんは呆気に取られていた。

なんだ、いまの。

ほんの二、三秒ではあったが、あの顔は確実に母だった。けれども実家は北陸地方の田舎町で、母はごく平凡な主婦。東京の番組に出演するはずがない。そもそも、あれはどう見ても普通の放送ではなかった。

すぐにSNSを検索してみたものの、放送事故を報告する投稿は見つからない。だとしたら母の身になにかが起こったということか。そういえば、テレビに映る母の表情は、どこか苦しそうに見えた。まさか、まさか――。

握ったままのスマホを震える指で押して、実家へ電話する。数コールが鳴ってから、受話器の向こうで「はい」と、まごうことなき母の声が聞こえた。

杞憂だったことに胸を撫でおろしつつ、なにを話すべきか迷う。「テレビにお母さんの顔が映ったから心配で」などと言えば、逆にこちらが心配されかねない。

「あ……ごめんね、いきなり。別に用事はないんだけど……」

と――美彌子さんの弁明を遮って、母親が叫んだ。

「ミッちゃんなの？　ああ、ちょうど良かった！　救急車を呼ぶのって何番だったっけ。

お母さん、番号が思いだせないの！」

「……どしたの、いきなり」

「いまね、お父さんが階段のてっぺんから転げ落ちて血まみれなのよ」

「ちょ、ちょっと！　一一九、一一九にかけて！」

それだけ言って電話を切るなり、美彌子さんは実家へと急いだ。

父は頭蓋骨陥没の重傷を負ったものの、幸運にも命に別状はなかったという。


「あのとき一一九番を思いだせなかった母は〝ひとまず娘に連絡してみよう〟と考えたらしいんです。でも、パニックで携帯の在り処《あ》《か》さえ判らなくて、心のなかで私の名前を一心に考えていたんですって」

それを聞き、美彌子さんは〈テレビ事件〉を秘密にしようと決めた。

「だって、母に言ったら〝なにかで困ったときはミッちゃんに念じればいい〟と思われそうじゃないですか。もう一度あんな体験を味わうのは、さすがに心臓に悪いので」

現在は、テレビ番組のかわりに好きなアイドルグループのＤＶＤをリピート再生しているそうだ。

◆ ◆ ◆

昨年のお盆、水戸さんは子供たちと手持ち花火をして遊んでいた。

毎年恒例だった町主催の花火大会は、コロナの影響により中止。そこで、残念そうな息子らのために奮発して花火セットを買ったのである。

子供たちに水を張ったバケツを用意させ、花火を手渡す。庭の芝生に赤や緑の火花がぱちぱちと散るさまは、春から続く憂鬱な日々をいっとき忘れさせてくれた。

「きれいですねえ」

唐突な声におもてをあげると、見知らぬ老人が庭を覗いていた。

皺だらけの顔にはおだやかな笑みが浮かんでいる。生垣からこちらを眺めているため、服装などは判らなかった。

「ええ、きれいですね」

あまりに嬉しげな表情につられ、水戸さんも微笑みながら答えて——はっとした。

我が家に生垣などない。

では、なぜ首から下が見えないのか。

呆然とするうち、老人はたなびく煙と混ざりあうように消えてしまった。

子供たちは花火に夢中でなにも見ていなかったが、〈知らない誰かの声〉は聞こえていたという。

「お盆であっちから帰ってきたのに、打ち上げ花火がなくて寂しかったんですかね」

今夏、花火大会は規模を縮小しながらも無事に開催された。

だから、今年は一度もあの老人に遭っていない。

# なんどでも

いちどきりの怪談も好ましいが、何度となくおなじ現象に見舞われる怪異譚にも、独特の魅力がある。とりわけ体験者の多くが「慣れてしまう」という点は非常に興味深い。非日常も繰りかえすと日常になるということだろうか。

だが、戦場に生きる兵士の〈変わらぬ一日〉が我々の一日とは大きく異なるように、〈怪異のある日常〉もまた、私たちの毎日と似て非なるもののような気がする。どこか歪んでいる平穏、異物の混ざりこんだ生活。それでも人は気に留めぬふうをよそおって暮らす。

「怖い」と思った瞬間、それが普通ではないと気づいてしまうから——。

そんな〈終わりなき怪〉を、いくつか。

◆ ◆ ◆

場所については詳しく書けない。ある村の話とだけ記す。

[redacted]家では、蛇《へび》の骨が御神体として祀《まつ》られていた。由来や縁起は一族の誰も知らない。

「とにかく蛇を殺してはならぬ」とだけ、強く言い含められてきたようだ。

ところが、何代か前の末子が田の畔《あぜ》で蛇を見つけたおり、その尾を掴むと石めがけて叩きつけ、無惨にも殺してしまった。

「以来、蛇があらわれては[redacted]家の者を〈呑む〉ようになったのだ」という。

本物の蛇が姿を見せる場合もあれば、蛇に似た〈なにか〉が顕現《けんげん》することもある。

そのあとには、かならず一族の誰かひとりが——逝く。

一族では、それを〈蛇に呑まれた〉と呼んでいる。

勝手口で蟠《わだかま》る蛇を目撃した長男の嫁は、翌週に有名なバス転落事故の犠牲者となった。土蔵の壁に蛇そっくりな煤《すす》が浮かんだときは、翌日に次男坊が行方知れずとなって、まもなく川底から両目を魚に食われた姿で引き揚げられている。

周期に法則はなく、予兆も判らない。けれども、かならず蛇はあらわれる。

たぶん、[redacted]の血が絶えるまで〈呑み続ける〉はずだ。何度でも、何度でも――。

そんな話を親戚から聞かされて、椋野さんは思わず笑ってしまった。

たしかに[redacted]家は自分の遠縁にあたる。けれども、これまでほとんど交流はなく、訪ねたことはおろか家族の顔さえ知らない。そんな家の忌まわしい慣習を唐突に告白され「あんたも気をつけなさい」などと言われたところで、素直に頷けるはずがなかった。

「でも〝蛇の抜け殻を持っていると金が貯まる〟なんていうじゃないですか。ウチは、しがない小料理屋ですからね。ゼニが舞いこむなら蛇でも蛙《かえる》でも大歓迎だ」

と、軽口で親戚をいなした半年後。

いつもどおり料理の仕込みをしていると、店の前を掃いていた妻が「ねえ……」と、椋野さんへ手招きをした。いったいなにかと近づけば、妻は入り口の脇にある盛り塩を指している。一時間ほど前、椋野さん自身が専用の器でこしらえたものだった。

きれいな円錐形《えんすいけい》をした、まっしろな塩の山。そこに一本の長い髪が巻きついている。螺旋《らせん》を描き、斜めにぐるぐると絡まっている。

まるで、蛇のように。

数日のち、妻が原付バイクの転倒事故で亡くなった。

半帽タイプのヘルメットを被っていたため遺体の顔には広範囲の擦過傷《さっかしょう》が残った。

死化粧を施《ほどこ》したものの完全には消えず、傷がうっすら浮きあがってしまった。

それはさながら、蛇の鱗《うろこ》のようであったそうだ。


蛇はいまも出るという。

昨年も、ひとり〈呑まれた〉と聞いている。

◆◆◆

佳恵さんは、市内のパン工場で働いている。

工場とは銘打っているものの、実際は工房と呼ぶほうがしっくりくる規模の施設で、古参のパートさんによると以前はコンビニであったらしい。そのため外装やトイレなど、あちこちに当時の名残りが見受けられたという。

さて、ある日のこと。

佳恵さんがいつものようにコッペパンを切っていると、元気な声が聞こえてきた。

「あいおおうございまあす」

工場では、作業場へ入る際に「おはようございます」と声をかける規則があった。もっとも、みな忙しいので顔もあげずに挨拶をかえすのが通例となっている。

だからその日も全員が作業の手を止めぬまま「おはようございます」「おはよう」と返事をして、数秒後に「あれ」と首を傾げた。

誰も入ってくる様子がない。

「いま、〝おはよう〟って言ったよね」「でも、今日のシフトは全員いるでしょ」「第一、こんな半端な時間にやってくる人はいないって」「そういえば、変な声だったよ」

その日は「なにかの空耳だろう」という話でおさまり、それぞれ持ち場に戻った。

ところが、翌日もその翌日も「あいおおうございまあす」は続いたのである。

こうなると空耳や幻聴ではすまない。ひょっとして、この場所は過去に自殺か殺人があった事故物件なのではないか。もしくはそれ以前から謂《いわ》れのある土地なのではないか。閉店したのもそれが理由なのではないか。そんな疑念を抱き、従業員は震えあがった。

そこで古参パートが「ちょっと調べてみるよ」と探偵役を請け負ったのだが——。

調査結果はシロだった。

コンビニは七年ほどで店を畳んだものの、閉店の理由は経営不振であり、自殺も殺人事件も起こってはいなかった。おまけにコンビニが建つ以前は農地で、ごく普通のキャベツ畑だったことも判明した。

「キャベツの怨み……って話もないわよね」

そんなわけで、結論が出ないまま声の件は放置され、そのうち全員慣れてしまった。みな、不思議な声がしても一瞬顔をあげるだけで再び作業に戻るようになった。

佳恵さんも、当然のごとく気にしなくなった。

冷静に考えれば、声らしき音が聞こえるだけ。おまけにたかが挨拶なのだ。恨み言を口にするわけでも取り憑いてやると威《おど》しているわけでもない。よしんば幽霊があらわれたとしても、つまるところ〈元人間〉に過ぎないのだ。自分とおなじく学校に行ったり、働いたり、社割のパンを食べたりしていたのだ。

〈人でないモノ〉なら恐ろしいが、〈人だったモノ〉なのだ。

そう考えはじめてから、怖気は嘘のように消えた。

「どうせなら〝おはよう〟以外も喋ればいいのに」と、微笑ましくすら思っていた。

数週間が過ぎた、ある夜。

退勤する直前、彼女はトイレに立ち寄ったのだという。

コンビニ時代の面影を残す、小ぶりの洗面台。その奥には男性用の小便器がひとつと、男女兼用の個室があった。

用を済ませて手を洗う。と、佳恵さんの視線がある一点に留まった。

鏡の脇に、てのひら大のシールが貼られている。

すっかりと色褪せたシールは、トイレの利用客に向けたメッセージのようで『清潔に使っていただきありがとうございます』との丸文字が記されていた。

文言の脇には、深々と頭を下げた女性のイラストが添えられている。こちらに頭頂を向けているが、誰が書いたものやらシャープペンシルとおぼしき細い線で、でたらめな目と歯がつむじの部分に上書きされていた。

首を極端に曲げて、笑いながら挨拶をしている姿に見えた。

あいさつ――気づいたとたん、背中に冷たい汗がどっと湧く。

もしかして、あの声は。まさか、これが。

答えあわせをするように「あいおおう」と呟いてみる。

あいおおう。あいがおう。ありがとう。

三度目を口にしたと同時に、個室から「あり――」と復唱が聞こえた。

洗面台に置いていたポーチを掴み、扉を蹴破るように逃げたという。


なのに――佳恵さんはまだパン工場に勤めている。

コロナ禍とあって、新たな働き口を探すのは難しい。だから此処で働くしかないなとあきらめた。ただし、トイレは極力使わないようにしている。

あいかわらず、あの声は続いている。同僚にはなにも知らせていない。

◆　◆　◆

その女性の家には〈階段の怪談〉がある。

洒落《しゃれ》ではない。文字どおり、何者かが二階へ続く階段をのぼっていくのだ。

最初に視たのは彼女の母親だった。

あるとき、母は宅配の荷物を受けとるために、居間から玄関へ向かっていた。と、階段の前を通過する際、なんとはなしにそちらへ目を遣ったのだという。黒いスーツの背中があった。

階段をあがりきり、子供部屋の方角へ去っていくところだった。

嫌がる宅配業者を無理やり家にあげ確認してもらったが、二階には誰もいなかった。だから母は「なにかを見間違えたのだ」と自分に言い聞かせ、家族には黙っていた。

それから半年ほど経って、今度は弟が目撃する。

部活を終えて帰宅した彼は、泥だらけのユニフォームを洗濯籠に入れるため脱衣場へ向かっていた。そのとき、なにげなく階段に視線を移すと——老人がいた。

白髪の後頭部と古めかしい着物の肩口が見えたので「老人だ」と思ったらしい。声をあげるより早く、人影は階段をのぼって消えた。なぜか足音は聞こえなかった。

姉を伴《ともな》い二階まで行ってみたものの、やはりどの部屋も無人だった。

夕餉《ゆうげ》の席で弟がその話をするなり、母が顔色を変えて先の一件を告白した。冗談など口にしない人だったので、姉弟はたいそう驚いたそうだ。

もっとも、父だけは「莫迦莫迦しい」とまるで相手にしなかった。

「姿形が一緒ならともかく、背広の男と爺さんじゃ違いすぎるだろう。あそこは二階の窓から西陽が入る。光の加減で、たまたま人が立っているように見えただけだ」

もとより父はこの手の話を毛嫌いしている。これ以上話題を続ければ数日は不機嫌になりかねない。そのため、話は此処でおしまいになった。

翌月、父自身が視るまでは。

日曜の朝、彼はジョギングに行くため玄関でシューズを履いていたのだという。と、タオルを忘れたことに気づいて居間へ戻る途中、階段が視界の端に入った。

女がのぼっていた。

細身《ほそみ》の身体を振り子のように揺らし、焦茶とも黒ずんだ赤ともつかぬ色のスカートをぶわぶわ靡《なび》かせながら、女は二階の奥へと歩いていった。

もうジョギングどころではない。父はすぐさま同級生の神主へ電話をかけると、その日のうちにお祓いをしてもらった。

効果はなかった。その後も一家は、謎の人影をたびたび目撃した。

乳幼児、和装の女性、看護師、かろうじて人間の形状を保ったモノ。性別や年齢こそさまざまだが、場所は階段にかぎられていた。

あまりにも見すぎて感覚が麻痺してしまったのか、もう怖くはないんですが——。

女性は、そこで言葉を止めた。


ひとつだけ——気になることがあるのだという。

思いかえせば家族全員、階段をのぼる背中しか目撃していない。

誰ひとり、一階におりてくる姿は目にしていないのだ。

つまり、あの人たちはまだ二階にいるのではないか。

どこかの部屋に、ひとり、またひとりと溜まり続けているのではないか。

薄暗い空間にひとかたまりでじっと坐《すわ》っている老若男女——ときおり、そんな光景を想像し、彼女はぞくりとしてしまう。


一家は、依然としてその住宅に暮らしている。

彼女はいまでも〈階段をのぼる人〉を目撃するが、家族に報告はしていない。両親も弟もおなじ気持ちなのか、誰ひとり話題にしなくなった。

だから、いまも二階の住人は増えているはずだという。

◆　◆　◆

青森に暮らす遠藤さんが「ウチだば出るよ」と、こんな話をしてくれた。

ある年の暮れ、彼の父が長い闘病のはてに亡くなった。

都市部ならば住宅事情を鑑み、斎場や葬祭ホールに故人を安置するところだが、彼の自宅は旧《ふる》い農家で部屋だけは広かった。「最期は我が家で見送りたい」との思いもあって、がらんとした広間に祭壇を設け、棺桶を置くことにした。

通夜を終えた夜であったという。

用足しに寝室を出た遠藤さんは、青白く発光する人影を廊下にみとめた。

父だった。

全身が、ぼうん、ぼうん、と鈍い明滅を繰りかえしていた。

不思議と怖さは感じなかった。「死んだ人の光というのはなんとも寂しい色だ」などと、ぼんやり考える余裕すらあったという。

ふと、疑問が湧いて我にかえる。

なぜ父はあらわれたのだろう。もしや未練でもあるのだろうか。

見れば、父はなにかを手にしている。蕎麦屋が出前で使う岡持《おかもち》によく似た、長方形の物体である。

目を凝らすうち、それが石油ファンヒーターの給油タンクだと判った。

ああ、なるほど。広間が寒い——と訴えているのか。

急いで棺桶を安置した部屋へ入り、片隅に寄せていたファンヒーターの電源を入れる。温風をたしかめて廊下へ戻ると、すでに父は消えていた。

父《と》っちゃ、寒くて悪がったな。

無人の廊下に手をあわせる。そのときはじめて「送りだした」と思えた。


ところが——翌年の命日も、父は灯油タンクを手にあらわれた。

それが、毎年続く。

ためしに昼間から広間を温めておいた年も、父はやっぱり姿を見せた。

いまじゃすっかり慣れたけどさ——と、遠藤さんが力なく笑う。

「なんとなく、アレは親父じゃないと思うんだよ。〝部屋が寒い〟って想いだけが凝り固まって、親父の姿になっているだけなんでねえか……そんな気がするんだ。だから、俺が死んで家が取り壊されたあとも〈灯油タンクを持った親父〉は出続けると思うよ。何度でも、何度でも」

取材の前々日は、奇しくも御父君の七回忌だった。

今年もやはり、出たそうである。

# わたしたちのおと

過日、「なんどでも」に収録した〈階段の怪談〉を、とあるイベントで披露した。するると、来場者の男性が「親戚の家でも似た出来事がありました」と手を挙げるではないか。怪を語れば怪いたる——との詞《ことば》を思いだしつつ、私は彼の話を聞いた。

男性の親戚——獺川さんの家では、ときおり二階から音がする。

誰かが歩いているとしか思えない廊下の軋《きし》み。床にどすんと座ったような振動。食器を想起させる、かちゃ、かちゃ、という陶器じみた響き。

どう考えても、誰かが暮らしている生活音にしか聞こえないのだという。

二階建ての一軒家である。獺川さん夫妻以外に住人はいない。

二階には長男の部屋があるものの彼は進学のために県外で暮らしており、現在は半ば物置となっている。

だから、そんな音など聞こえるはずがないのだ。

いったいどうなっているのかと訝《いぶか》しむうち、音の種類が増えはじめた。

ぱたぱた走りまわる軽い足音。楽しげな笑い声。食器の音も、プラスチックらしき、かん、かん、という軽いものに変わっている。割れない子供向けの茶碗だろうか。

あきらかに、家族が増えている。

あまりのことに恐怖した――かと思いきや、夫妻はたいそう喜んだらしい。

もしかして、これは〈私たちの音〉ではないか。

過去の自分たちが立てた音、それが時空を超えて耳に届いているのではないか。

そんな気がしてならなかったのである。

だとすれば、あの子は幼いころの長男に違いない。これから親子三人、慎ましやかに生きていくのだろう。笑ったり泣いたりしつつも、おだやかな日々を過ごすのだろう。

アルバムを捲っているようで、獺川さんたちは懐かしい気持ちになったという。

ところが――。

ある日の真夜中、二階から子供のすさまじい泣き声が聞こえてきた。

高熱でも出したのだろうか、それとも怪我でもしたのだろうか。

夫婦そろって天井に耳を欹てていると、まもなく、ばしんっ、と肉を叩くような音がして、泣き声が悲鳴に変わった。甲高《かんだか》い怒声、ガラスの割れる音、なにか大きなものを床に叩きつけた衝撃音。それらがしばらく続いて——ふいに止んだ。

そして、その日を最後に子供の声が聞こえなくなった。

二階の一家になにが起こったのか。考えたくないが、想像はつく。

「私たちの音じゃ、なかったね」

憂鬱そうな妻の言葉に、獺川さんはなにも答えられなかった。

いまでも、二階からはときおり生活音が届く。

だが、もはや聞く気にはなれなくて、夫婦は音のたびに耳を塞いでいるという。

# むかしのひと

「ねえ。むかしのひとが、どうろにおるよ」

五歳になる娘のチエが、エプロンの裾を引く。

「あら、そうなの」と生返事をしながら、桃代さんはリビングで洋服を畳んでいた。

昔の人——なるほど、着物姿か。最近はお盆に成人式をおこなう自治体が多いと聞く。

ウチの町も、そのように日取りを改めたのかもしれない。

だとすれば役場の人も大変だ。墓参りもあるだろうに、加えて成人式とは——。

つれづれに考えを巡らせているうち、チエが再び駆けよってきた。

「ねえねえ。むかしのひとが、おにわまできたよ」

「え」

顔をあげると、全身モノクロの青年が窓辺で笑っていた。

輪郭がふにゃふにゃしている身体の向こうに、庭の物干し台が透けていた。
あ、昔って白黒写真のことか。
そんなことを思いながら、娘を抱いて二階へ逃げたという。

# 一巡《ひとめぐり》

小学五年生の春、楠根さんは念願の「ウサギ係」にくじ引きで選ばれた。

校舎裏の小屋で飼育されている、およそ二十羽の可愛らしいウサギ。その世話を一任されるウサギ係は、数多ある係のなかでも花形中の花形であったそうだ。

「とはいえ、手ばなしでは喜べなかったんです。なにせ……相方がね」

欠席の場合を考慮し、係はふたり一組で選出される。そして、大役を引きあてたもうひとりは、ゴンザという渾名《あだな》の同級生だった。

ゴンザは、すこぶる粗暴な性格で知られていた。

気に入らないことがあるとすぐ癇癪《かんしゃく》を起こして、大柄な身体で暴れまわる。暴君の被害に遭った同級生は数知れず。教科書を破かれたり給食を踏み潰されたり、なかには下着を脱がされて不登校になった子もいたという。

「乱暴なのに加えて残酷なんですよ。バッタの脚をもいだりトンボの頭をむしったり。もうすこし下の年齢で卒業する〈禁じられた遊び〉を、ゴンザは愉しんでいましたね」

そんな人物と一年間ペアを組まなくてはいけないのは、なんとも憂鬱だった。


あんのじょう、ゴンザは初日から本領を発揮する。

小屋の金網を揺すってはウサギたちを怯えさせ、逃げる群れを竹箒《たけぼうき》で追いまわした。顔を無理やり押さえつけ、強引に給食の残りを食べさせたこともある。

「ゴンザにとって、ウサギは〈虫より壊れにくい玩具〉に過ぎなかったのだろう」と、楠根さんは言う。

「ウサギの両耳を掴んで振りまわすのを見たときは、さすがに先生へ言いつけました。帰りの会でこっぴどく叱られて以降、しばらくは大人しかったんですが……」


しばらくして、一羽のウサギが子供を産んだ。

巣箱のなかで、小指ほどしかないピンクのかたまりがちろちろ蠢《うごめ》いているのを、楠根さんが発見したのである。

と、思いがけぬ出来事に喜ぶ彼女へ、ゴンザが「誰にも言うなよ」と告げた。

「ウサギは、出産のあとに人間が近づくと、ストレスで子供を殺しちまうらしいんだ。いま知らせたらクラス中が見学するだろ。だから、まだ秘密にしておいたほうがいい。俺たちも、二、三日は小屋に近づかないようにしようぜ」

楠根さんはひどく驚いた。いつのまに生態など調べていたのだろう。それ以前にクラス一の乱暴者が仔ウサギをいたわっている事実が信じられなかった。

「そのときは〝やっぱり小動物を飼うと、人間って優しくなるんだなあ〟なんて呑気に感心していたんです。浅はかでしたね」

数日後——仔ウサギ見たさにこっそり小屋へ向かった楠根さんは、異変に気づく。

赤ん坊の姿がない。

巣箱を覗くと藁《わら》が赤く染まっており、まわりに赤い糸のようなものが転がっている。糸には、ちいさな指がついていた。

まさか、嘘でしょ。

目の前の事態を受けとめきれず小屋のまんなかで立ちつくしていると、いつのまにか背後に立っていたゴンザが、「ウサギってほんとに嗅覚がいいんだぜ」と笑った。

「毎朝、登校する前に近所の犬を撫でまわして、その手を巣箱に突っこんだのさ。犬のにおいがよっぽど怖かったのか、ウサギの野郎ブゥブゥ鳴きやがってな。あんまり面《おも》白《しれ》ぇもんで〝ワン！　ワン！〟って叫んだら、赤ん坊をボリボリ齧りはじめたんだぜ」

そのときようやく、ゴンザの「誰にも言うな」という科白の真意が判った。

「……最低。先生に言うから」

「は？　別に俺が殺したわけじゃねえし。ウサギが勝手に食っちまっただけじゃん」

「そんなヒドい真似をさせたのはアンタでしょ。絶対に、今日の帰りの会で……」

「おい。チクったらどうなるか、判ってんのか」

そう言うとゴンザはウサギの両耳を掴み、高々と持ちあげた。

楠根さんが〈ピョン太〉と名づけ、ことさら可愛がっている一羽だった。

「誰かに言ったら、こいつをぶんまわして壁に叩きつけるぞ」

後ろ足をばたつかせるピョン太を眺めながら、ゴンザが笑った——その直後。

「ひとめぐり」

小屋のウサギが、いっせいに人間そっくりの声で鳴いた。

祖母の法事で聞いたお経を思いだす、独特な抑揚の声色だったという。

「……なんだ、いまの」

ゴンザが漏らす。むろん、楠根さんに答えられるはずがない。

彼はピョン太を離すと、血の気が失せた顔で小屋を出ていった。

「よほど不気味だったのか、その後ゴンザはウサギ係の仕事を放棄してしまったんです。私もなんだか怖くなっちゃって……餌《えさ》やりと糞《ふん》の掃除を終えたら、すぐに小屋を出るようになりました」

以降、ゴンザとほとんど会話を交わさぬまま彼女は卒業する。中学はそれぞれ私立と公立だったため、出会う機会もなく——やがて、楠根さんはすべてを忘れた。


ひさびさに思いだしたのは、小学校卒業から十数年後のこと。

小学校の同窓会で訪れた、カラオケボックスのパーティルームだった。

「ねえ、ゴンザっていたじゃん。今日は欠席してるけど」

リモコンで曲を選んでいる楠根さんへ、隣の同級生が話しかけてきた。

名前を聞いたとたん、あの日の光景が脳裏によみがえる。

正直、思いだしたくない記憶だった。

押し黙るこちらなどおかまいなしで、同級生が言葉を続ける。

「ウチの妹、産婦人科で看護師してんだけどさ。そこに、ゴンザの奥さんが出産で入院してきたんだって」

「え、あいつ結婚できたの」

ようやくひとこと絞りだすと、同級生は手を叩いて笑った。

「ウケるでしょ。妹の話じゃ意外とラブラブだったみたいよ」

愛妻家のゴンザは、我が子の出産にも立ち会ったのだという。ビデオカメラを片手に分娩室をうろつくので、同級生の妹は正直なところ迷惑していたらしい。

まもなく奥さんの陣痛がきわまり、ちいさな頭が両足のあいだから見えた。すかさず医師が掬《すく》いあげると、新生児は火がついたように泣きはじめた。

「へえ、無事に産まれたんだ。よかったじゃん」

「なに言ってんの、最悪よ。それが原因でアイツ別れたんだから」

「……どういうこと」

首を傾げる楠根さんを一瞥《いちべつ》し、同級生は「食べたの」と顔をしかめた。

我が子が誕生した瞬間、ゴンザはビデオカメラを投げ捨て、産声《うぶごえ》をあげている赤児に勢いよく齧りついたのだという。

「桃でもしゃぶるみたいに嬉しそうな顔だったって。慌ててお医者さんや看護師が引き剥がしたんだけど、赤ちゃんは両腕を骨折、耳と股間にも噛み傷が残っちゃったみたい。それで離婚。本人は〝なんにも憶えてない〟って言い張ったみたいだけど、そのほうが逆にヤバいよねえ」

話し終えたと同時に曲の順番がやってきて、同級生が立ちあがる。九〇年代のヒットソングが流れるなか、楠根さんはひとり考えていた。

それって——もしかして。

慌てて起立し、マイクを手に熱唱していた同級生を無理やり座らせる。

「ちょっと、なんなの。せっかく気分よくアムロちゃんを歌って……」

「ねえ、ゴンザの子供が産まれたのって何年前?」

「え……たしか、妹があそこに勤めてちょうど三年目だから……」

指を折って、同級生が正確な年月を知らせる。

それを聞いて、楠根さんはようやくすべてが腑《ふ》に落ちた。

ゴンザの子が生まれたのは、ウサギが我が子を食べてからちょうど十二年後。きっかり干支《えと》がひとめぐりした年であったという。

# 六連

「場所を絶対に明かさない」という条件で、こんな話を聞いた。

東日本のとある地域に、高速道路が開通することとなった。

敷設地は道路公団によって買い取られる。渕さんの実家も対象エリアに入っていた。先祖代々の土地を売り渡すのはうしろめたくもあったが築六十年のあばらやをそのまま放置するわけにもいかない。用地買収の話がなくとも「なんとかしなくては」と思っていたので、渡りに船とばかりに飛びついたのだという。

売買契約を交わす前夜、渕さんは夢を見た。

夢のなかで、針のように細い雨が降っている。

渕さんは泥だらけの果てしない平野に胸まで埋まっており、眼前には襤褸着《ぼろぎ》の男が立っていた。

異様に顔の平たい男だった。どことなく面影が祖父に似ていた。

板のような顔の男は、身動きが取れぬ渕さんを見下ろしたまま、

「ろくれんでてをうとう」

そう言って、大きく開いた右手に左手の人差し指を添え、こちらに見せた。

そこで目が覚めた。寝室の障子に、穴がむっつ空いていた。

「ろくれん」とは、これのことだろうか。そう思った――のだが。


土地は無事に売れたものの――それから毎月、一族に死人が出た。

五月に父が脳溢血《のういっけつ》で急逝、六月には叔父が縊死《いし》、七月初旬、山菜採りで行方知れずとなった伯母が、獣に下半身を食われた姿で見つかった。

八月は甥《おい》が交通事故に遭って三日三晩苦しんだすえに逝き、九月には祖母がトイレで冷たくなっていた。これで終わりかと思ったのもつかのま、十月の三十一日に従兄弟《いとこ》が[redacted]餅（郷土料理なので名前は明かせない）を喉に詰まらせ、窒息死した。

死者はちょうど半月、六人目でぴたりと止まったのである。

# 事故原因

家で死ぬと不吉だってんだから、「畳の上で死にたい」なんて言葉はもう死語だよな。最近は事故物件とか瑕疵《かし》物件とか言うんだって？　孫から教えてもらったよ。判ってるって、おっかねえ話の取材だろ。頭はまだボケてねえから安心しな。

二年前、ふたつ上の兄貴が死んだんだよ。縁だか運だか知らねえが、家庭に恵まれず独りぼっちで逝ったのさ。飲んだくれたあげく風呂に入ってそのままお陀仏。てめえが大好きなモツ煮になっちまいやがった。酒浸りの兄貴らしい最期だ。

遺品整理は俺の役目だった。面倒だけどやるしかねえだろ、唯一の兄弟なんだから。それで、老体に鞭打って酒瓶だの古着だのを片づけてたら——チャイムが鳴ってな。

ドアを開けると若え兄ちゃんでよ、スマホを棒っきれの先にくっつけてやがんだ。

「この部屋、事故物件なんですよね。取材してイイ感じなら借りたいんですけど」

なんとかチューバーって仕事らしいが「オバケを撮影するんだ」なんてぬかすもんで、驚いちまってね。そんときゃワケも判らねえまま相手をしたんだけど――次の日、孫になんとかチューバーと事故物件の意味を教えてもらって、二度びっくりだよ。

死んでも晒《さら》し者にされる兄貴が、さすがに不憫《ふびん》で――だんだん腹が立ってきてな。上等だ、そんなにオバケが見てえなら手を貸してやる。そう思ったのよ。

だから、遺骨を撒《ま》いたんだ。

夜中にアパートまで行って、骨壷に手ぇ突っこんで、ドアの前や窓の下にざばざばと降りかけたのさ。ポストやエアコンの室外機にも粉を押しこんどいてやったよ。

その兄ちゃんか？　孫の話じゃなんとかチューブの更新がピタッと止まってるそうだ。なにがあったかなんざ知りたくもねえし、なにがあっても続けるけどな。

おお、そうだよ。いまでも俺は兄貴の骨を撒きに通ってんだ。

そういや――たまに夢を見るよ。兄貴が俺の枕元に立って「もうやめてくれ、やめてくれ」って、悲しそうな声で言うんだよ。

止めるわけがねえだろ、たかが夢で。骨壷が空になるまで撒いてやるつもりだよ。

# 地獄おばさん

中学校のちょうどなかごろ、眞由美の人生は荒んでいた。

離婚話が持ちあがって以降、両親は沈黙しているか怒鳴りあっているかの二択だった。家のなかはつねに砂漠か戦場。娘にとってはどちらも苦しさが違うだけの地獄である。

そんな暮らしが学校生活に影響をおよぼさぬはずがない。金銭的困窮と精神的疲労、ふたつの理由で彼女は好きだった陸上部を辞めてしまう。新しいランニングシューズも買えず大会前夜も眠れぬ状態では無理もない選択だったのだが、これがさらなる悲劇を生む。おなじ陸上部だった同級生が「親友の私に相談なく勝手に辞めた」という理由で、いじめを扇動するようになったのである。

はじめこそ挨拶を無視される程度だったいじめは、同級生が「あの子は顧問とフリンしていた」との噂を流したことでエスカレートしていく。教科書にはマジックで卑猥《ひわい》なイラストが描かれ、下駄箱には膨《ふく》らんだ避妊具が投げこまれた。通学鞄の奥にしまっている生理用品は、卵白状の液体で汚され「妊娠しますように」と落書きされた。

気づけば、地獄は家の外にも拡がっていた。

その日も、傘立てに挿している自分のビニール傘がくの字に踏み折られていた。柄の部分には名札シールを貼ってある。加害者は、誰のものか判ったうえで破壊していた。土砂降りのなか、髪と制服から水を滴《したた》らせて家路を歩く。もう全部、どうでもいいな。無意識に言葉が漏れた。

あのとき手頃な高さの屋上か、よそ見をしているダンプを見かけていたならば、自分はいま此処にいなかっただろう――当時を振りかえり、彼女はそう断言する。

事件はそんな帰路のさなか、家まであと十五分ほどの場所で起こった。

十数メートル前方、細い道のまんなかに人が立っている。

色褪せたピンクのセーターに、黄色いエプロン。主婦然とした格好のおばさんである。

ひとめ見るなり、ぎょっとした。

傘をさしていないことが瑣末《さまつ》に思えるほど、異様ないでたちだった。笑っているのか怒っているのか読みとれないほどに吊りあがった目。口紅がまだらに残った唇。脂気のない髪は左右の長さが極端に異なり、リボンよろしく枯れ葉が乗っている。

と――立ちすくむ眞由美の前で、おばさんが細い右手を高々と掲げた。

親指と小指を掌の内側に折り曲げ、残った指を突き立てている。「三」をあらわすハンドサインのようにも見えたが、その意味するところは判らなかった。

あまりの光景に、眞由美は自身の絶望をしばし忘れた。

とにかく絡まれないことだけを祈って、足を進める。

おばさんは、ぼぞりぼぞりと砂を噛むようになにかを喋っていたが、降りしきる雨の所為でほとんど聞きとれなかった。横を通過する瞬間、おばさんの靴が左右で違うのに気づいた。

一気に数メートルを駆けぬけ、角を曲がる直前に振りかえる。おばさんの姿はすでに消えていた。周囲に身を隠すような塀や物影はない。

怖い――とは、思わなかった。恐怖よりも悲しみのほうが強かった。

家にも学校にも居場所が見つからず、帰り道では変なおばさんに通せんぼされて。

私の人生はいったいどこまで堕ちるのだろう。地獄はどこまで続くのだろう。

家までの道中、雨は止まなかった。

おかげで、泣いていると近所の人にバレなかったのが唯一の幸運だった。


それから十五年ほどが経った——ある日の夕刻。

三十歳の眞由美は、見知らぬ関東圏の街をとぼとぼ歩いていた。

手には箱いっぱいのフルーツ。あと二時間で、これを売りきらなくてはいけない。

なぜ私はこんなことをしているんだろう。どこで間違ったんだろう——ぽつぽつ降りはじめた雨からフルーツを庇いつつ、おのれの半生を回顧する。

中学二年の冬に両親は離婚。それに伴い、彼女は母の実家がある県へ転校した。

新たな同級生はみな優しく、休み時間や放課後は受験の悩みや恋愛話で盛りあがった。

彼女たちの影響で漫画が好きになり、イラストが趣味になったのもこのころだった。

高校卒業後、眞由美はイラストレーターを志し上京する。けれども、専門学校を経てようやく採用されたのは、デザイン会社とは名ばかりの〈チラシ屋〉だった。

薄給と劣悪な労働環境。それゆえか陰湿ないじめも横行していた。しばらく見ないふりをしていたが、先輩が「自分が薦めたランチを出前で選ばなかった」という理由で同僚のデータをこっそり破棄する場面を目撃し、とたんに中学時代の記憶がよみがえった。

次は自分が標的になる——不安に勝てずスタジオを辞め、それからは職を転々とした。

コールセンターのアナウンス、イベントのスタッフ、飲食店——仕事が替わるごとに、給料と待遇はゆっくり下降していった。

そんなおり、彼女は求人サイトで高給のバイトを目に留める。

サイトには「フルーツ販売員」と書かれていたが、勤務初日に会社へ行ってみると、実態は単なる行商だった。傷みかけの果物を箱に詰めこみ、大型バンで見知らぬ街まで押し売りに行くのである。

給料は詐欺同然、基本的には出来高払いだった。どれだけ頑張っても日給が五千円を超えることは滅多にない。売れずに帰ると、リーダーから何時間も叱責された。

毎日辞めたくなった。でも、辞められなかった。

仲間の励ましに応えなくては、人間として失格だ。此処で勤まらないような者など、社会に居場所はない。リーダーのそんな言葉を半ば本気で信じていた。

だから、今日も雨のなかを歩いていた。けれども——そろそろ限界だった。

溜め息を漏らして、顔をあげる。

「……あ」

葦《あし》が生い茂る川の向こうに団地が見えた。

もしかしたら、優しい誰かが買ってくれるのではないか。

心許ない希望を抱き、団地へ続く橋を渡ろうとして——彼女は気がついた。

雨そぼ降るなか、橋のたもとに誰かが立っている。

女性だった。ピンクのセーター、腰には黄色いエプロンを巻いている。

あの、三本指のおばさんだった。

居るはずがなかった。中学のときに住んでいた土地からは三百キロ以上離れている。

十五年が経つのに、服装も、髪型も、剥げた口紅まで一緒であるはずがない。

ただ、ひとつだけ——当時と違う部分があった。

掲げた指が、ひとさし指と中指の二本に減っている。

薬指は紙縒《こよ》りのようによじれて、力なく垂《た》れ下がっていた。

フルーツが濡れるのもかまわずに全力で横を駆け抜ける。オレンジがひとつ、箱から溢《こぼ》れて橋の上でバウンドした。

拾う気はなかった。振りかえらずに走った。

おばさんも、人生も、もう後ろを見てはいけないと思った。

翌日、彼女はバイトを辞める。リーダーの嫌味は気にならなかった。

その後に二度ほど転職を重ね、昨年なんとかウェブ関連の仕事に就いた。コロナの影響は多少あったものの、いまのところはなんとか生活できている。


「……最近ね」

眞由美が雨粒のようにぽつりとひとこと漏らし、そのまま口を噤んだ。

取材先に選んだ郊外の喫茶店を静寂が包む。私たちのほかに客はいない。

次の言葉をじっくり待とうと、私は大きなガラス窓のかなたへ視線を移す。

鉛色の雲に覆われた空をぼんやり眺めるうち、彼女が再び話しはじめた。

「最近ね……あの人の正体を頻繁に考えるんですよ」

実在する人間なのか、幻覚なのか、それとも〈どっちでもないモノ〉なのか、それは判らない。ただ、おばさんと遭うのはいつもどん底のタイミングだった──と、彼女は述懐する。だとすれば疫病神のようにも思えるが、遭遇してから人生が上向きになっていることを思えば、逆に福の神だとも考えられる。

ただ——気になるのは、指だ。

最初に見かけたときは三。次に会ったときは二。つまり、あれはカウントダウンではないのか。なにかの残数を知らせているのではないか。

だとしたら——今度遭遇したときは、一。

その残りひとつを使いきったら、自分はどうなるのだろう。

「もしも一本指のおばさんに遭ったら、ゼロを宣告される前に死のうかと思ってます。いまよりも底に堕ちるくらいなら、そのほうがまだ救われそうな気がするので」

消えいるような声で、眞由美が話を終える。

外は、雨が降りはじめていた。

# ひがんばなし

生死の境をさまよったおり、見知らぬ川の対岸に立つ亡き家族から「まだ来るな」と追い返された――いわゆる〈臨死体験〉は、怪談を聞き漁《あさ》るうえで避けてはとおれない。

『死生学研究』（死生学研究編集委員会 編）によれば、東北在宅ホスピス研究会が二〇〇七年、自宅等で亡くなった六八二人の遺族へ聞きとり調査をおこなったところ、死の直前「その場にいない人や風景を口にした」患者は全体のおよそ四十二パーセント、そのうち「死んだ家族や知人に会った」患者は五十二パーセントにおよんだという。

これらの数字は死の間際に見聞きした〈お迎え体験〉についてであり、死から蘇った〈臨死体験〉とは似て非なるものだが、「亡き人に遭遇した」という共通点は興味深い。

だが、なかには懐かしい故人以外の〈なにか〉と遭遇してしまう場合もあるようだ。

そんな「歪んだ彼岸の譚《はなし》」を、これまで私が聞き集めたなかから紹介してみたい。

迫嶋さんは七年前、医者も匙《さじ》を投げるほどの重傷を負った。詳細は本人の希望により伏せておくが、全国ニュースにもなった大事故の被害者だったのである。

もっとも、彼女に事故の記憶はほとんどない。気がついたときには、病院のベッドでチューブだらけになっていたのだという。

ただし、意識不明のあいだに夢とも現ともつかぬ風景を見ている。

◆
◆
◆

かなたまで金色の花が咲く平野に、いつのまにか迫嶋さんは立っていた。

見知らぬ場所であったが、そのときはさして疑問に思わず、不安も抱かなかった。

行き先も判らぬまま、ふらりふらりと花を分け入って進む。花弁が散るたびに、甘い薫香《くんこう》が鼻に届いた。「此処でずっと暮らしたい」と思うほどの香りだった。

と、急に花畑が途切れ、目の前に川があらわれた。

川は浅く、水底の石が露出している。なんとなく「これなら渡れるな」と思い、足を一歩踏みだしたところで——対岸から声をかけられた。

「あだぐんだ！　あだぐんだ！」

叫んでいるのは、水色の衣服をまとった見知らぬ男である。

顔に憶えはないが、態度を見るかぎり迫嶋さんへ絶叫しているのはあきらかだった。

とはいえ、発言の意味は微塵もわからない。「あだぐんだ」とはなんだろう。外国の言葉、あるいはどこかの方言なのだろうか。

こちらが狼狽するあいだも、男は「あだぐんだ！　あだぐんだ！」と連呼している。

腕を振りまわして地団駄《じだんだ》を踏むさまは、どう見ても普通ではない。

あまりの常軌を逸した様子に怯み、彼女は花畑へ戻ろうと踵をかえして——。

意識が戻ったのである。


その出来事をふいに思いだしたのは、事故から二年後。

実家へ帰省し、母と「あのときは大変だったね」と懐かしんでいたときのことだった。

「そういえば私、臨死体験っぽいのあったんだよ」

迫嶋さんの告白を、母は「出来の悪い冗談だ」と受け止めたようで、はじめのうちは笑いながら聞いていた。

ところが——謎の男に言及するなり、さっと顔色を変えて「どんな顔だった」「背丈は」「髪型は」と、矢継ぎ早に聞いてくるではないか。

「ちょっとちょっと、どうしたの」

戸惑う迫嶋さんに、母は「……それ、伯父さんかも」と告げ、まもなく納戸から古いアルバムを引っぱりだしてきた。

迫嶋さんが息を呑むなか、母が静かに頁を開き、一枚の写真を指す。

写っていたのは、対岸で叫んでいた男性だった。

男性はベッドに横たわりながら、カメラに向かって弱々しい笑顔を見せている。身に着けているのは、水色の病院着だった。

「その後、母の説明を聞いて合点が往きました。あのとき、伯父さんが叫んでいたのは〝まだ来んな〟だったんだと思います。そりゃあ聞きとりにくいはずですよ。だって伯父さん、癌で舌を切除していたそうなんです」

◆　◆　◆

主婦の八津さんも九死に一生を得たおり、迫嶋さんと似たような体験をしている。

「私の場合は花畑じゃなくて、金色とも銀色ともつかない原っぱでしたけど。あとは、三途《さんず》の川もどうどうと流れていましたね。激流が暗闇の向こうへ消えていくんですよ。まるで、すさまじい高低差の滝があるように思えてぞっとしました」

身の竦《すく》むような景色——けれども彼女は、この川を渡ろうと決めていた。

なぜそのように思ったのか理由は彼女自身も判らない。けれども「戻ってはいけない」「引きかえしてはいけない」と、もうひとりの自分が告げていた。

おそるおそる、足首を川へ浸す。

激しい音と見た目に反し、水は思いのほか温く、流れはやわらかかった。

嗚呼《ああ》、これなら大丈夫だ。向こう岸まで一気に行けば、あとはもう。

安堵しながら二歩目を踏みだす——同時に、誰かが洋服を強く引いた。

振りむくと、皺だらけの手がシャツの裾を掴んでいた。鰻《うなぎ》を思わせる長い腕が草原を掻きわけ、彼女のもとまで伸びていた。

「まだこまるうまだこまるう」

草のなかから読経のような嗄《しわが》れ声が聞こえた瞬間、ずるずるずるっと腕が巻きもどり、八津さんもそのまま引きずられ——そこで、意識が途絶えた。

「覚醒したのは救急車のなかでした。買い物中に昏倒して、オレンジの棚を崩しながら倒れたんだそうです。病院では〝過労ですね〟と診断されました。心あたりはないかと聞かれましたけど……言っても無駄なので、答えませんでした」

八津さんは現在、倒れる前とおなじように認知症の義母を介護している。

義母の口へ流動食をスプーンで運びながら、皺だらけの細い手を見つめるたび「なぜ、あのとき川を渡らなかったのだろう」と、かすかに後悔してしまう。

◆
◆
◆

サッカーの最中に急性心筋梗塞で倒れた際、佐辺さんは臨死体験をしている。

もっとも、彼が見たのは花畑でも三途の川でもない。

気づいたときには、数えきれないほどの滝が流れる空間に囲まれていたのだという。

よほど高所から流れているのか、滝の源泉は目視できない。それどころか、これほど水が落ちているというのに、渓流の類はおろか水音すら聞こえなかった。

この滝の森はなんだ、いったいなにが起きたんだ。

戸惑いつつ、見あげていた顔を正面に戻すと――〈それ〉がいた。

〈それ〉としか表現しようがなかった。

無理やり説明するなら〈巨大なクマのぬいぐるみから耳と目と鼻と手足をもいで毛を鉛色に染め、隙間に細長い金属とゼリーをいくつも縫いこんだ〉ような物体だった。

身の丈およそ数メートルの〈それ〉は、全身をびろびろ蠕動《ぜんどう》させていた。動きを見るかぎり生物のようだが、佐辺さんが知っているどの動物にも似ていなかった。

と、慄《おのの》く彼の眼前で〈それ〉が鳴いた。やはり、聞いたことのない鳴き声だった。

おごろごろごろ、ももろもろもろ――強引に文字で書くと、このようなニュアンスの声であったそうだ。

奇妙なことに、このとき佐辺さんは奇声の中身がすんなり理解できたのだという。

【あなたはあの世をちゃんと信じていなかったので、なにも用意しませんでした】

そのような意味の言葉を〈それ〉は喋っていた。感情がいっさい籠められていない、きわめて淡々とした口調に感じられた。

と、いきなり周囲の滝が凍りついたかのごとく、流れをいっせいに停めた。停止した水流へ呼応するように〈それ〉が再び鳴く。おごろごろごろ、もももろもろもろ。

【再申請が受理されたので期限まで預かってください。返却の際はお知らせします】

先ほどよりさらに事務的な発言だった。

意味が把握できぬまま、勢いに圧されて頷く。

直後――風景が純白に変わった。驚くまもなく、周囲の音がぐんぐん大きくなって、複数名の叫びが耳に飛びこんできた。

「おい、意識が戻ったぞ」

声の主はAEDを手にしたサッカーチームのメンバー。白い景色は、捲りあげられて顔に被さっているユニフォームの裏地だった。

「まあ、普通に考えれば〝悪い夢を見たんだよ〟って話で終わるんでしょうけど……」

そう言いながら佐辺さんはシャツの第二ボタンをはずし、首の付け根を見せた。

喉仏の真下に横長の瘤《こぶ》がみっつ、キリトリ線のように連なっている。

「この瘤、倒れる直前までなかったんですよ。お医者さんは〝単なる脂肪の塊《かたまり》なので気にしなくていい〟と言うんですが……夜になるとびろびろ動くんですよ。だから僕次に死ぬときは、首から上を〈返却〉するんだと思います。」

瘤をしきりに弄《いじ》りながら、佐辺さんは顔を曇らせた。

# なばかり

「先生、ちょっと質問いいですか」

六時限目の授業を終わって二年A組を出ようとしたところで、康二さんは女子生徒のひとりに呼び止められた。

教員といっても非常勤講師であるから、学生と交流する機会はそれほど多くない。授業のあとに声をかけられたのは、はじめてだった。

小脇に抱えていた教材を教卓に置き、「なんだい」と微笑む。

「あの、勉強の話じゃないんですけど大丈夫ですか」

「いいよ。僕で答えられることだったら、なんでも」

勉強以外——もしかして、自分のプライベートが知りたいということか。

恋人はいるのか、結婚はしているのか——中学生の質問といえばそのあたりだろう。

まさか「つきあってほしい」と告白されたりはしないよな。その場合は、なんと言って断れば教え子を傷つけずに済むだろうか。

頭のなかで問いを想定していると、女子生徒がおそるおそる口を開いた。

「こっくりさん……知ってますか」

予想だにしなかった科白に戸惑いながら「もちろん」と答える。

「懐かしいなあ。久々にその名前を聞いたよ」

そう答えるなり、彼女が背後の同級生たちへ「ほら、やっぱり！」と叫んだ。

「え、本当に全国区なの？」

「マジかぁ、ローカルじゃないんかい」

仲良しグループとおぼしき三人の女子生徒が、口々に悔しがっている。

その様子にようやく質問の真意を悟った。どうやら康二さんに訊ねた彼女だけが「こっくりさん」を認識しており、ほかの子はその存在を知らなかったらしい。

つまり、自分は「こっくりさんはメジャーかマイナーか」の審判だったわけだ。

いまの子は「こっくりさん」を知らないんだ——ジェネレーションギャップに軽いショックを受けていると、くだんの生徒がこちらに念を押してきた。

「先生、こっくりさんってフツーですよね、ね」

「……ああ、僕が子供のころは、誰でも一度くらい遊んだはずだよ」

「そうですよね、どこの家でもやってますよね」

「いえ?」

思わず、おうむ返しで訊ねる。

「はい。ウチは、お母さんとこっくりさんをよくやってました」

変わった家だね――という言葉を、すんでのところで呑みこむ。

学校からは、両親の有無や家庭環境に言及しないよう釘を刺されていた。たしかに思春期の中学生はナイーブだから、無下に否定されたと思いかねない。下手をすればいじめや不登校にもつながってしまう。

そういう家があってもおかしくないさ。教師の自分が偏見を持ってはいけない。

康二さんがおのれに言い聞かせているあいだも、仲良しグループはきゃあきゃあと盛りあがっている。ほかの生徒はすでに下校し、教室には彼女たちだけが残っていた。

「え、そんな簡単にできるの」

「でも本当に平気かな」

「大丈夫大丈夫、ちゃんと教えるから」

射しこむ西日を浴びながら、生徒たちは机を囲んでなにやら相談している。

「どうせだからこっくりさんを試してみよう」と話がまとまったらしい。

ふと、不安がよぎる。

しょせん降霊術まがいの拙《つたな》い遊びだが、感受性の強い子ほど影響を受けやすい。事実、康平さんの通っていた中学校でも「三年生が集団ヒステリーになった」との理由で禁止された憶えがある。

問題ないとは思うけど、いちおう立ち会っておくか。

康二さんがそっと見守るなか、言いだしっぺの彼女が白い紙を机に広げた。

目にしたとたん、忘れていた手順が脳裏によみがえる。そうそう、五十音と「はい」「いいえ」を書くんだっけな。たしか、そのあとに十円硬貨を置いて――。

と、女子生徒が紙の上に、ぺ、ぺ、ぺ、と唾《つば》を吐いた。

「ん?」

予想外の行動に、短い声が漏れる。

戸惑う康二さんをよそに、彼女は同級生にも唾を落とすよう指示すると、頭を前方に突きだし、いつのまにか手にしていた鋏で前髪をじょぎりと切った。

紙に短い髪がぱらぱらと落ちる。ほかの三人もおなじように前髪の先端を落とすや、女子生徒が紙を巾着状に丸め、顔の前に掲げて上下に揺すりはじめた。

刻んだ髪が巾着のなかで、じゃっ、じゃっ、と不快な音を立てている。

「……ころすのこぉ、くつうのくぅ、りんねのりぃ」

おもむろに女子生徒が詠《うた》いだした。

のったりとした節まわしの、聞いたことがない詞《ことば》だった。

三人も続くように詠う。はじめは様子見だった声が、だんだんと揃っていく。髪のマラカスがリズムを速める。合唱の切れ目がなくなる。声がいちだん大きくなる。

「ころすのこぉくつうのくぅりんねのりぃころすのこぉくつうのくぅ……」

四人は笑っていた。身体が小刻みに震えている。口の端にあぶくが湧いている。顎に垂れる涎《よだれ》が夕陽を受けて、蛞蝓《なめくじ》が這ったあとのように光っていた。

「おい……おい！」

さすがに異変を悟って、小走りで机に駆けよる。

肩を揺さぶったものの、こっくりさんが止まる気配はない。こちらを見る彼女の目は涙で潤んでいた。夕陽を反射する瞳の奥が、ぞっとするほどに深かった。

思わず後退した直後、窓ぎわのカーテンが、ばふ、と膨らんだ。

窓は開いておらず風も吹いていない。それでもカーテンは詠いに呼応するかのごとく波打っていた。

反射的に職員室へ急ぎ、ほかの教員を引きずって教室まで戻る。

彼女たちはすでに居なかった。

机のあたりに、短い髪が二、三本だけ散っていた。


その日を境に、例の四人は授業が終わるなり教室を出ていくようになった。

結果、康二さんは彼女たちの誰とも話ができぬまま非常勤の任期を終えている。

だから、あの「こっくりさん」とは名ばかりの儀式がなんだったのかは、いまも不明のままなのだという。

# 分《ぶん》身《しん》娑《さ》婆《ば》

「地元のダンス大会で、審査員から〝韓国でも通用するんじゃない〟と褒《ほ》められたのがきっかけでした。リップサービスを鵜《う》呑《の》みにしちゃったんですよね」

数年前、晴香さんはソウルに半年ほどダンス留学をしていた。

当時はKポップの全盛期で、世界規模で活躍するアイドルが注目されはじめていた。その波に乗るべく、韓国の芸能界でデビューせんと渡航したのである。

しかし、現実は甘くなかった。

ダンスの腕や歌唱力の高さは大前提。そこからどれほど個性を磨いて、業界関係者に注目されるかをみな競っていた。美容整形は〈身だしなみ〉の一環、SNSは寝る間を惜しんで更新するのがあたりまえ。将来を見越して英語はもちろん、日本語や中国語を習得する子も珍しくない。ときには仲間の醜聞をネットに流して、蹴落とすことさえも辞さない。まさしく弱肉強食、美しい獣たちが集まる檻だった。

「踊るのがすこし得意なだけの私に、居場所なんてなかったんです」


その日も彼女は、ダンススクールの更衣室でひとり項垂《うなだ》れていたのだという。

トレーナーからは「オーラが出てない。もっと貪欲な生き方をしなさい」と叱咤されていた。根がおだやかな晴香さんにとっては、ハードルの高い要求だった。

ほかの子のように、ハングリーな性格にならなくてはいけないのか。

自分にそれができるだろうか。そうまでして目指すべき夢なのだろうか。

ベンチで悩んでいると、誰かが肩を叩いた。

「ねえ、ハルカさん」

声をかけてきたのは、ハユンという同い年の女の子。スクールでは二番手と三番手のあいだに位置し、トレーナーも「あとすこし華《はな》があれば」と期待を寄せている子だった。

「このあと時間あるなら、一緒にブンシンサバしない？」

流暢《りゅうちょう》な日本語と、はじめて遊びに誘われたことに彼女は驚いていた。

ブンシンサバ――聞いたことのない言葉だ。

遊びということはテーマパークか、あるいは流行《はや》りのゲームだろうか。

答えは出なかったけれど、そんなことはどうでも良かった。

久々に日本語で会話できるのがとにかく嬉しくて、晴香さんは一も二もなく頷いた。

「で、その夜ハユンのマンションに行ったんです。ドアを開けたら、室内が薄暗くて。一瞬〝やばい薬のパーティーとかじゃないよね〟と躊躇しました」

玄関でもじもじする晴香さんの袖を引き、ハユンが強引に部屋のなかへ導く。

パーティーではなかった。室内にはハユン以外誰もいなかった。

韓流スターのポスターが貼られた壁。鏡台の前にずらりと並んだコスメグッズ。衣装ケースの上には、韓国で人気の〈トッケビ〉というぬいぐるみがいくつも置かれていた。

「じゃ、はじめましょ」

所在なく立ち尽くしている晴香さんに微笑むと、ハユンがテーブルを指した。

ピンク色の卓上に、一枚のコピー紙が置いてある。紙の中央には小さな黒点が描かれ、その両脇に大きくマルとバッテンが記されていた。

「……これ、なに？」

「なにって、ブンシンサバじゃない。もとは日本《イルボン》の呪《チョム》なんでしょ？」

彼女の説明で、ブンシンサバとは日本でいう「こっくりさん」とおなじものらしいと知れた。漢字で書くと分身娑婆。日本と同様に中高生のあいだではメジャーな遊びで、過去にはブンシンサバが題材のホラー映画がヒットしたのだという。

「それを、ふたりでやるの？」

「私、どうしても知りたいことがあってね。本場の日本人《イルボンサラム》が居れば上手くいくと思うの。ね、お願いよ《プタギャ》」

まさか、韓国に来てまで「こっくりさん」をやるとは――ゲームや遊園地の誘いではなかったことに落胆したものの、いまさら断れる空気ではない。

しぶしぶテーブルの前に腰をおろし、ハユンと向きあう。

使用するのは十円玉ではなく、普通の赤いサインペンだった。

「これをふたりで掴むの」

言われるがままにペンを握ると、その上から彼女が手を添えてきた。

細い指の冷たさに驚く。体型を維持するため、食事を節制しているのだろうか。この努力が自分には足りないんだよな――などと自省している晴香さんをよそに、ハユンがなにごとかを唱えはじめた。

「……ブンシンサバ、ブンシンサバ、オイデクダサイ」

へえ、〈オイデクダサイ〉は日本語なんだ——妙なことに感心しているうち、ハユンがペンをゆっくりと先導し、紙の中央に赤い円を何度も描いた。

たちまち、子供の落書きじみた丸印で白紙が埋まっていく。どうやら円を描きながら呪文を唱えることで降霊する、という仕組みのようだった。

「ブンシンサバ、ブンシンサバ、オイデクダサイ。ブンシンサバ、ブンシンサバ、オイデクダサイ……」

一分ほど続いたころ——指にわずかな反発を感じた。あきらかに、紙の引っかかりやペン先の摩擦ではない。逆方向に手を運ぼうとする〈見えない腕〉があった。

「最初は〝ハユンがわざとやってるんだろう〟と思ったんです。でも、彼女を見たら、瞳がとろんとしていて唇も半開きなんです。とても演技とは思えませんでした」

ふいに、先ほどまでの抵抗が消え、円を描く手が自然と速くなる。

自分の意思なのか、勝手に動いているのか判断がつかない。

「ねえ、もう止めよう。変な感じがするんだけど」

不安に耐えきれず訴えると同時に、ハユンが呪文を止めてこちらを見た。

手はあいかわらず動いている。紙を走るペンの音だけが、部屋に響いていた。

やがてハユンが大きく息を吸ってから、韓国語をまくしたてた。

「チョヌン、オディルル、チョンヒョン、ススラミョン、テブィハルス、イスムニカ?」

イントネーションから鑑みるに疑問符である。かろうじて「チョヌン」が「私」だということだけ理解できたが、そのあとの単語はまったくわからない。

なにを訊いたのだろうと首を傾げた直後、ペンを握る指が締めつけられた。

ハユンの仕業かと思ったが、彼女はすでに手を離している。

なにこれ、なんなのこれ。

混乱で泣きそうになる。それでも指は止まらない。それどころか、太いゴムバンドで引っぱられているかのように、腕が高々と持ちあがっていく。

槍投げを思わせる姿勢で、晴香さんは固まっていた。

目の前にはハユンの顔。このまま腕を振れば、ペンは彼女の顔面に突き刺さる。

必死で堪えた。筋肉がこわばり、指が痺《しび》れる。掌が汗で濡れていく。

「にげて」

なんとか声を絞りだす。けれどもハユンは薄笑みを浮かべ、その場から動かない。

このままでは——ペンが眼球を貫く瞬間を想像し、ぞっとする。

そのはずみで力が脱けた。風音が聞こえそうなほど、腕が勢いよく前方に跳ねる。

厭な感触と悲鳴を覚悟して、思わず顔を背《そむ》けた。

「……あれ？　あれ？」

何秒経っても部屋は静かなままだった。おそるおそる前を向くと、ハユンはにこにこ笑っている。彼女の鼻先と顎には、赤インクのちいさな点が付着していた。

刺さらなかった——。

安堵のあまりペンを床に落とす。いつのまにか〈見えない腕〉は消えていた。

と、インクの点をつけたハユンが「ありがとう」と放心する晴香さんへ微笑んだ。

「鼻は必要だと思っていたけど顎も直したほうがいいのね。やっぱり、日本人がいると効果バツグンだわ」

そう言うと、ハユンはスマホで自分の顔を撮影し、ペン跡を確認しはじめた。

「……どういうことですか」

惚ける私に、晴香さんが「そりゃ理解できないですよね」と苦笑する。

「あのとき、彼女は〝どこを整形したらデビューできますか〟と訊いたんですって。〝あ、そもそもの根性が違うわ〟と思って、あっさり帰国を決意しました」

現在、彼女は地元でキッズダンスを教えている。

ハユンは名前と顔を変え、それなりに人気のグループで活躍しているという。

# 魔女島

◆ｎｏｌ

「愛媛県くらいの大きさなんですが、ビーチやスパは豊富だし、観光地だけじゃなくてのんびりできる自然もあるし、物価も安いんですよ。あ、それに片言の日本語が話せる現地の人も多いし、日本と時差が一時間しかないので時差ボケしないし。あとは……」

私がバリ島について訊ねるなり、マミさんは機銃掃射のごとき早口でその魅力を語りはじめた。さすがは、かつて一年の半分近くをバリで過ごしていた猛者である。

テーブルの上のパスポートには、紫色に輝くシールが各ページに貼られていた。聞けばバリ島に長期滞在するための証明書なのだという。

「長いときは三ヶ月滞在していましたね。まあ、その翌月にまた行ったんですけどね。どんだけ好きなのって話なんですが、そのくらいハマっていたんです。最初はビーチの多い南部に滞在していたんですが〝もっと時間がゆったりした場所に行きたいな〟と思って、ウブドを訪ねてみたらこれがもう大正解。〈芸術の村〉と呼ばれるだけあって、棚田や森林といった風景まで絵画みたいな美しさなんです。ガムランとかサンヒャン・ドゥダリといった音楽も楽しくて、絵画や彫刻も……」

「ちょ、ちょっとストップ。ストップで」

再びはじまったマシンガントークを、慌てて止める。怪談を聞きにきたはずが、このままでは〈マミのバリ島おすすめガイド〉で取材が終わってしまいかねない。

「ええと……そのウブドという村で、奇妙な出来事が起きたんですよね」

私の問いに、マミさんが「あ、すいません」と身を縮めた。

サングラスにマスク姿で表情こそ読めないが、ずいぶん恐縮させてしまったようで、却《かえ》って申しわけなくなる。

「私、夢中になると止まらない性格で。だから、このあとの話も熱が入って長くなると思うんで……先に謝っておきます」

深々と一礼してから、彼女は「それと……」と言葉を続けた。先ほどまでの朗らかな口調とはうってかわって、その声にはあきらかな怯えの色が滲んでいる。

「私の話、なるべく詳しく書いてもらえませんか。もし、説明を端折《はしょ》ったり省略したりすると、怒りそうな気がして怖いんですよね」

「怒る……ですか」

「ええ。だってあの人」

まだ、こっちを視ていますから——。

こうして、取材はようやく本題に入った。

◆ｓｉｋｉ

三度目のウブド滞在時、マミさんはひとりの男性と恋に落ちる。

相手の名はワヤン。ホテルのバーで働いている青年だった。

「カウンターに座るなり日本語で声をかけられたんですよ。発音が流暢だったもんで、こっちも気を許しちゃって……それで〝明日、ウブドを案内しますよ〟という申し出を受けることにしたんです」

翌日——待ちあわせ時刻ぴったりにやってきたワヤンを見て、マミさんは驚いた。

彼女によれば、バリ人は総じて時間にルーズなのだという（現地ではシンケンケンと言うそうだ）。けれども、ワヤンは厳格で生真面目だった。

なんだか日本人に似た感性を持っているように見えた。

「あなたって、ちょっと変わった人ね」

マミさんが素直な感想を述べると、ワヤンは自分がどのような人間であるかを語って聞かせた。曽祖父の代からウブド郊外にある村で暮らしていること。日本人客を相手にするなかで、自然に日本語を習得したこと。日本人の考え方に強く共感していること。けれども、いちばん好きなのは生まれ育ったこの島であること――。

彼が口にする言葉は、どれもまっすぐで飾り気がなかった。

「その日の予定を終えるころには、とっくに惹かれていたような気がします。それから十日ほど滞在したんですが、そのうち一週間は彼と過ごしていました」

帰国する前夜、ワヤンは「あなたと恋人になりたい」と告げてきた。

マミさんは、迷った。

これまでにも、滞在先で現地の若者に言い寄られることは何度かあった。そのうちの数名とは一夜をともにしている。なかには「交際してくれ」と懇願する男性もいたが、本気にしたことなどない。甘い言葉に舞いあがるほど子供ではなかった。

「だから、その手のアプローチには慣れていたはずなんですけど」

ワヤンだけは特別な気がした。

運命とは大袈裟にすぎるが、その言葉を使ってもいい相手のように思えた。

「……知りあったばかりだし、すぐに返事はできない。でも、次に来たときはかならずあなたに連絡する。まずはそこからスタートしましょう」

それだけを約束すると、彼女は帰国し――翌月、再びバリに飛んだ。

待ちきれなかった。早くワヤンの顔が見たかった。

いつしか、彼に会うことが旅の目的になっていた。

「それでも〝甘い夢なんて見るなよ〟と自分に言い聞かせて、必死に自制してはみたんですが……三月に訪ねたときの〈オゴオゴ〉が決定打になっちゃって」

バリ島の大晦日にあたる〈オゴオゴの日〉、街は異様な活気に包まれる。

ぜひお祭りムードを味わわせたいというワヤンの誘いで、マミさんはウブド中心部へ繰りだした。

雑踏のいたるところに、巨大な怪物の人形が置かれている。牙を剥き、長い舌を出し、こぼれそうな眼球で人々を睨みつけていた。

「なんなの、このオバケ」

怯えるマミさんに、ワヤンが笑いながら「これがオゴオゴ、悪いモノです。バリ島の人はオゴオゴに不幸を吸い取らせて、スッキリと新年を迎えるんです」と説明した。

「なるほど、だからどれも凶悪な顔なのね。でも、やっぱり怖いな」

「……わかりました。じゃあ、私が怖くないようにしてあげます」

そう言うなりワヤンはかたわらの露店へ走ると、なにかを購入して笑顔で戻ってきた。

「見てびっくり。男性器の形をしたちいさな木製のキーホルダーなんです。悪いモノの視線を防ぐんだ……と彼は言っていました」

「こういうお守りは日本語で〈ヒワイ〉ですよね。マミさん、これは嫌いですか。ダメですか」

ワヤンがおずおずと訊ねてくる。

子供っぽいくせに相手を気遣うギャップが、とても可愛らしかった。

「ダメじゃないよ。私だって大人だもの」

キーホルダーを眺めてはふたりで笑いながら、ホテルに戻った。

心はもう決まっていた。

オゴオゴの翌日、つまり正月にあたるニュピは、いっさいの外出が禁じられており、火や電気を使うことも許されない。

窓の向こうに広がる星空を横目に、真っ暗な部屋で彼女はワヤンと結ばれた。

◆ｋａｌｉｈ

ニュピの夜から二ヶ月後。

いつものように棚田をデートしていると、突然ワヤンが訊ねてきた。

「お祖母ちゃんに会ってみませんか。私のお祖母ちゃんにマミのことを話したら、〝連れてきてもいい〟と言っています」

結婚前の挨拶ということだろうか。でも、なぜ両親ではなく祖母なのだろう。疑問には思ったものの、愛する人の家族に受け入れられて悪い気はしない。

市井《しせい》の人々の暮らしを覗いてみたいという好奇心もあった。

「いいよ、私も会いたい」

マミさんは笑顔で諒解したが、ワヤンは笑っていなかった。

「でも、気をつけてください。お祖母ちゃんは本物のレヤクですから」

レヤク——聞いたことのない単語だった。翻訳アプリでもわからなかった。英語サイトを調べ、ようやくそれが呪術師や魔女を指す言葉だと判明した。ワヤンの解説によると、レヤクはランダという魔術師の女王に仕える存在で、普段は人間の姿をしているが、夜になると頭や内臓が身体を離れて飛びまわり墓場の死体を貪《むさぼ》るのだという。また、猿や豚に変身して人を病気にすることも可能らしい。

「わかりにくいんですが、悪霊的な存在も、それを使役する魔女もおなじレヤクという名前なんですね。ほかにもワヤンは〝レヤクは大きな目に長い舌、牙を持っている〟と教えてくれました」

へえ、そうなんだ——と容易に信じられる類の話ではない。

呆気に取られる彼女へ、ワヤンはいちだんと強い語気で言葉を続けた。

「島の人は誰も言いませんが、バリは魔女の島なんです。ケチャもチャロナラン劇も、観光の人に見せるためのセレモニーです。でもレヤクは違います。魔女は島の空気です。見えないけどある。吸わないと死ぬ。吐かないと死ぬ」

真剣な顔の彼を前に、マミさんは頷くしかなかった。

「とはいえ、あまり驚きはしませんでした。さすがはバリ、神秘的なシャーマニズムも生きてるんだろうな……と感心した程度で」

かくして数日後、ふたりは祖母の暮らす村を訪ねる。

レンガ造りの家屋が並ぶなかを進む。ひときわ古い茅葺《かやぶ》き屋根の家が、祖母の住まいだった。

庭先でワヤンが名前を叫ぶと、奥の部屋から祖母が姿を見せた。

顔じゅう皺だらけの〈古い樹木を思わせる女性〉であったという。

手招きで薄暗い室内へと案内され、竹製のソファに座る。

挨拶もお茶もそこそこに、祖母とワヤンが早口で会話をはじめた。聞いたことのない単語ばかりが飛び交い、まったく理解できない。

適当な相槌を打ちながら、マミさんは時間を潰そうとあたりを観察した。

昔ながらの竈《かまど》を使っている所為か、家全体が煤けている。火事現場を思わせる臭気のなかに、動物園のようなにおいが混ざっていた。見れば、部屋の隅に置かれたちいさな檻のなかでハリネズミが二頭走りまわっている。ペットかなと思い「可愛いですね」とうろおぼえのバリ語で伝えたマミさんに、祖母が「食べるんだよ」と笑った。

ぎょっとして口を噤《つぐ》む。圧《お》されている気がした。試されているように思えた。

ここで負けては、彼の家族に認めてもらえない――。

意を決し、マミさんはワヤンを介して祖母に質問を投げてみたのだという。

「……お祖母さまはレヤクだと聞きましたが、どんな魔術を使うんですか」

祖母が軽く微笑んでから、なにごとかをぼそぼそと喋る。皺だらけの唇に耳を寄せていたワヤンが、こちらを向いた。

「私のお祖母さんは、目を動かせると言っています」

意味がわからなかった。単語を間違えて訳したのだろうと思った。

そんな態度を察したのか、祖母が孫に再びなにかを告げる。促されるまま、ワヤンが奥の部屋から両手で運べるほどの物体を運んできた。

島内の土産物屋でよく目にする、異形のお面だった。

〈オゴオゴの日〉に見た怪物の張り子そっくりな、禍々《まがまが》しい面構えをしていた。

「ずっと見ていてください」

ワヤンの言葉に従いお面を凝視する。そのあいだも祖母は無言だった。呪文を唱えるような真似も、祈るようなそぶりも見せなかった。

そのまま、一分ほどが経ったころ――。

「あ」

お面の眼球が、右へ左へゆっくりと動きはじめた。

ふたりの前で、面はぐりぐりぐりと目を回転させ、まもなくもとの位置に戻った。

マミさんは——ひそかに白けていた。

「もっと土俗っぽい儀式をすると思っていたので、拍子抜けしました。手品だとしてもあまりに地味だし。でもネタばらしする様子もないので、驚いたふりをするしかなくて」

仰々しく拍手すると、レヤクはおおいに満足した様子だった。

祖母と言葉を交わしたワヤンが、マミさんに顔を近づける。

「お祖母ちゃんは喜んでいます。〝ウブドにまた来ると約束してほしい〟と言いました。マミ、本当に平気ですか。約束しても大丈夫ですか」

「もちろんでしょ」

約束にどんな意味があるのは判らなかったが、どうやら自分は審査に合格したらしいことだけは理解できた。

「彼の祖母と邂逅したのは、その一度きりです。本当なら、一緒になるまでのあいだに何度か会う予定だったんですが……ご存知のとおり不可能になってしまったんですよ」

◆tigo

ふたりの関係がおかしくなったのは、二〇二〇年の春。

原因はもちろん、新型コロナだった。

「バリ島も観光客の受け入れが禁止になっちゃって。電話やオンラインでワヤンと話すことはできましたけど、やっぱりじかに会えるのとは雲泥の差でしょ。最初の一ヶ月は毎日泣いて暮らしましたね」

とはいえ、感染が収まるまではどうしようもない。「気長にその日を待とうよ」と促すマミさんに対し、ワヤンは送金を要求するようになっていた。

「ホテルに誰も来ない。だから私、お金もらえない。マミのお金ないと、私は貧乏だよ。それはマミも悲しいでしょ？　好きな私が困ってるのはイヤでしょ？」

よほど焦《あせ》っているためか、それとも日本人と話す機会が減った所為なのか、ワヤンの日本語が日毎にたどたどしくなっていく。

気づけば彼の真意をいちいち噛み砕くのが面倒になっていた。「あれほど心惹かれていたのに勝手だな」と思いつつも、ワヤンの存在を億劫に思う自分がいた。

「コロナ後に犬を飼いはじめたのも一因でしたね。バロン君って名前のチワワなんですけど、もう可愛くて。〝この子を放ったらかして四泊も五泊もできないな〟と思ったら、自分でも驚くほど褪めちゃって。まさしく憑き物が落ちたような感覚でした」

そうしているあいだにも、ワヤンからの連絡は頻度を増していく。

「いつ来るの」「寂しいな」「お金が足りない」「死んでしまうかもしれないよ」

夏の終わり――とうとうマミさんは痺れを切らし、彼に別れを告げる。

「ワヤン、サヨナラしよう。もうバリには行かない」

途端《とたん》、彼が画面に顔を近づけて「ダメよ、ダメダメ」と連呼した。

「それは言っちゃダメよ、マミ。〝行けない〟と言うのは、あなたの責任じゃないから大丈夫。でも〝行かない〟はダメ。約束を守らないのはお祖母ちゃんが怒るよ」

「ちょっと、いまお祖母ちゃんは関係ないでしょ」

この期におよんで家族を持ちだされるのが、泣き落としのようで腹立たしかった。

「ごめんね」

それだけを言って、彼女は最後のオンライン通信を終える。

数日後――ショートメールがバリから届いた。

《おばあちゃん　まみの目をうごかす　たいせつなものの目をうごかす　レヤクの顔を見せてあげる　そう言いました　気をつけて》

「あまりの見苦しさに呆れて、すぐに消去したんですけど……その直後から、なんだか身体の具合が悪くなってきて」

起きた瞬間から倦怠感が続き、微熱が下がらない。

暑くもないのに汗が止まらず、かと思えば突如として寒気に襲われる。

そんな日が一週間以上続いた。

「時期も時期だし〝絶対にコロナだ〟と怖くなったんですが、ＰＣＲ検査は陰性で」

医師からは、精神的なものが原因ではないかと告げられた。

「本当は、旅行でもしてリフレッシュできるといいんですけどね」

慰めにもならない言葉と、睡眠導入剤だけをもらって帰る羽目になった。

体調は日に日に悪化し、やがて仕事や日常生活にも支障をきたしはじめていく。

つねに疲れている所為か頭がまわらず、ちょっとしたことで苛立ったり、気づかないうちに涙がこぼれてしまう。顔もなんだか刺々《とげとげ》しくなったようで、久々にオンラインで話した友人からは「本当にマミなの?」と何度も訊ねられた。

いったいどうしたんだろう。私の身に、なにが起こっているんだろう。

不安に駆られながら、動く気にもなれず床へ横たわる。

ぼんやりと天井を見つめているうち——ワヤンの祖母の顔が浮かんだ。

一瞬ぞくりとしてから、ふつふつと怒りが沸いてきた。

なぜ、手品を見せる程度しかできない老婆の影に怯えなくてはいけないのか。

そもそも孫の無心が別れの原因なのに、どうして自分が怖がらなくてはいけないのか。

約束がなんだ。たかが再訪の誓いではないか。

衝動的に、天井めがけて叫ぶ。

「目なんかちっとも痛くないいんだけど! 身体がダルいだけなんだけど! レヤクって全然たいしたことないじゃない!」

叫び終えると、すこしだけ息苦しさが楽になった。

「見えない存在に勝ったような充実感がありました。それで、この満たされた気持ちのままで寝ようと、眠剤を多めに飲んでベッドに潜ったんです」

その日の――真夜中だったという。

けたたましい声に目を覚ますと、チワワのバロンが窓に吠えている。

いつもの甲高い咆哮《ほうこう》ではなく、猛獣のような唸り声だった。

「いつもは様子を見にベッドを出るんですが、〝一度起きたらまた眠れなくなってしまうな〟と思って、再び眠りについたんです」

ようやく起床したのは、お昼近く。

目をこすりながら部屋を見まわす。

バロンは昨夜とおなじく窓の向こうを向いたまま、伏せの姿勢で眠っていた。

「バーちゃんごめんね、お腹すいたでしょ。ママとご飯食べよっか」

ベッドを抜けて、愛犬のもとへ歩み寄る。

バロンは冷たくなっていた。

大きく見開いた目から眼球がせりだし、唇の脇から舌がこぼれていた。

レヤクの家で見たお面そっくりの死に顔だった。

「動物病院の先生によれば、バロンの死因は外傷性ショックだったそうです。眼球の突出は、高い場所から落ちたり車にぶつかったときに起こるらしいんですが……まるで心あたりがなくて」

「つまり……ワンちゃんは身代わりになったという話でしょうか」

私の問いに、マミさんはゆっくりと首を横に振った。

「それで終わっていれば……そういうことになるんでしょうけど」

彼女が、そっとサングラスをはずす。

眼球が前に飛びでていた。水晶玉のような曲面が判るほど露出していた。

「その後……倦怠感がますますひどくなって、総合病院で検査をしてもらったんです。バセドウ病……甲状腺の免疫疾患でした。疲労や慢性的な不安のほか、眼球が突出してくるのが症状だそうです。幸い放射線ヨードという治療が効いているので病気自体は治ってきたんですが、目がもとどおりになるかどうかは未知数だと言われました」

言葉を失っている私の前で、マミさんはなおも語り続けた。

「すべてをレヤクの所為にはしたくないんです。バロンの死だって、私の病気だって、合理的に考えようと思えば可能ですから。けれども、バリを知ってしまったあとでは、あの島の奇妙な空気を吸ってしまったあとでは……とても、そうは思えないんですよ」

◆papat

「……もうひとつだけ、お願いがあるんですけど」

すべてを語り終えたマミさんが、静かな声で告げた。

「このお話を書くとき、各章の頭に菱形の印とバリの数字をつけてもらえませんか」

「はあ……いちおう担当編集者と相談してみますけど、たぶん問題ないと思います……あの、その印はどんな意味なんですか」

「レラジャハンというバリ島伝統の護符です。バリアン・ウサダと呼ばれる呪術医から〝レヤクに見つかると、あなたの話を聞いたり読んだりした人も危ない。特に島の場合、島の魔術が効きやすいから〟と忠告されたもので、お守りを書いてもらったんですよ。本当はもっと複雑な紋様なんですけど、ひとまずは簡易なもので大丈夫だろうと……」

なるほど、たしかに日本もバリとおなじ島だもんな——。

妙なことに感心しつつ、私は改めてマミさんに訊ねた。

「……これほど恐ろしい目に遭ってもなお、バリ島に頼ってしまうものですか」

「私はあの島にどっぷり浸ってしまいましたから。もう吸って吐くしかないんですよ。バリの空気を。魔女の島の空気を」

そう言って、彼女は深々と息をもらした。
溜め息の直後、私が嗅いだ「なにかを燻《いぶ》すような臭気」は、なんだったのだろうか。

# あとが奇

なにせ奇《あや》しい本のこと、遅い時刻に頁《ページ》を捲っているのではないかと思います。ですから――夜の挨拶を。こんばんは、黒木あるじです。

『黒木魔奇録』と銘打ったシリーズも、早いもので気づけば三冊目。前作に引き続き、疫禍に翻弄《ほんろう》されながらの執筆となりました。この原稿を書いている時点で、世のなかは日常を取り戻しつつあるように見受けられます。

しかし、そうではないことを私は知っています。一見、以前とおなじ風景に見えても、もとどおりの生活を送っているように見えても、我々の日常は変わってしまったのです。いったん怪異に見舞われた者が、その後も奇しい出来事に悩まされるがごとく。奇妙な体験をした人物が、ささいな物音でも身をこわばらせてしまうがごとく。禍々しい世界を知ってしまった私たちは、もう平穏な世界には戻れないのです。

ありがたいことに、今回もどれを省こうか悩むほどの数をさまざまな方から取材することができました。
明日どうなるかも判らぬ時代ですから、出し惜しみはやめにしましょう。
冗長な挨拶はこれくらいにして、本編に載せきれなかった話を、この場を借りて紹介したいと思います。

Aさんは山奥の廃校へきもだめしに訪れた際、教室にあった机のひとつを懐中電灯で照らしてみました。そこには彼女が使っていたものとおなじ国語の教科書が入っており、Aさんの名前が裏表紙に書かれていたそうです。

ある資料館では桃の節句にあわせて雛《ひな》人形を飾ります。もっとも、段飾りではなく毛氈《もうせん》の上へランダムに並べるのだそうです。「向きが揃っていなければ人形の位置が変わっても怖くないから」との理由だそうです。

Bさんは今春、無症状ながらも〈陽性〉となり、市内のホテルに二週間滞在しました。部屋は自分の前にもおなじ境遇の人間が宿泊していたようで、未明になると枕元から「しにだぐない」と、それは苦しそうな声が聞こえてきたそうです。

Cさんはその日、姉夫妻の家で大喧嘩をしていました。原因は亡父の遺産、どちらがいくら相続するかで揉めに揉めていたのです。その夜、すっかり疲れて自宅に帰ると、茶の間の仏壇が上下逆さまになっていました。おなじころ、姉の家では一歳になる孫が「こらっ、こらっ」と一時間ほど白目で叫び続けていたそうです。

ある神社で一本の御神木が伐《き》り倒されました。その木に縄をかけて縊死する者が三年連続で出たため「縁起が悪い」という話になったのだそうです。すると伐採した翌日、社務所の軒先で一匹の猿が首を吊って死んでいたそうです。

山形の劇団から依頼された戯曲を執筆中、書棚に置いている頭蓋骨を模した貯金箱がいきなり床に転がり落ちました。棚は傾いでおらず、ほかの書籍も動いてはいません。
ちなみにそのとき書いていたのは、山田浅右衛門《やまだあさえもん》という江戸時代の首斬り人の話でした。

それでは——また遭う日まで。
長い夜が、ちゃんと明けますように。

黒木あるじ

# 黒木魔奇録 魔女島

2021年12月6日　初版第1刷発行

著者……………………………………………………………………………黒木あるじ
デザイン・DTP　………………………………………… 荻窪裕司(design clopper)
企画・編集　………………………………………………… 中西如(Studio DARA)

発行人…………………………………………………………………… 後藤明信
発行所………………………………………………………………… 株式会社 竹書房
〒102-0075　東京都千代田区三番町８－１　三番町東急ビル６F
email：info@takeshobo.co.jp
http：//www.takeshobo.co.jp
印刷所…………………………………………………………… 中央精版印刷株式会社